横濱建築

記憶をつなぐ建物と暮らし

建築監修＝中井邦夫

YOKOHAMA
ARCHITECTURE

CONTENTS

ARCHITECTURE TOURS

＊本書の内容は令和6年3月時点のものであり、その後状況が変化している場合もありますので、
　あらかじめご了承ください

はじめに

「横濱*」と聞いて、あなたはどんな場所を思い浮かべますか?

山下公園、中華街、赤レンガ倉庫、山手の洋館、あるいはみなとみらいでしょうか?

どれもお洒落で魅力的な横浜の名所ですが、もしあなたがそんな横濱しかまだ知らないとしたら、ぜひこの本を読んでもらいたい。

現在の山下町から馬車道にかけての土地は、かつては周囲を海に囲まれた横に長い濱辺の寂れた漁村でした。「横濱」という名はその土地形状からつけられたといわれます。そんな僻地であった横濱村が、開国のために港町として生まれ変わって約160年、周囲の海を埋め立て、日本初の鉄道が敷かれ、外国人だけでなく日本中からも多くの人々が移り住み、西洋文化をいち早く取り入れるなど、一躍日本の最先端都市となった横濱は目覚ましい発展を遂げました。一方、その短い歴史のなかで、関東大震災と戦災および米軍接収によって二度にわたって壊滅し、そのたびに復活を遂げてきた復興都市でもあります。そんな歴史のせいか、横濱の中心部には濃厚なキャラクターをもつ多彩なまちが、比較的狭いエリアに凝縮されています。

この本は、「横濱建築」と銘打っていますが、専門的な建築本ではありません。巷の観光ガイドのような、お洒落で映える写真もほとんど載っていません。紹介しているのは、一見何の変哲もない古いビルや、普段見慣れたお店、年季の入った酒場や銭湯などがほとんどです。しかしそうした建物にこそ、知られざる横濱の歴史や、そこで真摯に生きてきた人々のリアルなストーリー、独自の生活文化が刻み込まれているのです。

そうした、ちょっと味のある建物たちに刻まれたストーリーを深堀りするために、この本は、住まい、宿、娯楽、本、酒場といった、人々の暮らしに根差したトピックを切り口に、徹底した現地取材と関係する方々へのインタビューに基づいて制作されました。初公開と思われるレアな資料や話もたくさん掲載しています。ページをめくるたびに、誰もが訪れる有名な建物群とは一味も二味も違う、ディープで魅惑的な横濱建築の姿と、そこを舞台に紡がれてきたユニークな物語が浮かび上がります。この本を片手に、横濱の知られざる奥深い世界を訪ね、あなた自身で横濱建築を探してみませんか?

中井邦夫

*現在「横浜」で用いられている「浜」(バン)は、もともと小川とか水路を意味する文字であり、海辺を意味する「濱」(ビン)とは元来別の文字とされるため、本書タイトルとまえがきでは本来の旧字体による「横濱」を用いています

インペリアルビル（20頁）の玄関
から入ったところ。長期滞在型
ホテルとして運営していた戦前、
玄関の左手にはバーがあった。
今はギャラリーとなっている

横浜開港と西洋文化の導入

① 100人の村から、世界と繋がる貿易都市へ
ペリー来航／嘉永6（1853）年～

住民100人足らずだった小さな村落は、ある出来事を機に日本と世界を結ぶ貿易都市となる。嘉永6年、浦賀に来航した黒船率いるペリー提督に開国を迫られた江戸幕府は、神奈川を開港地として日米修好通商条約を締結。だが、安全面を懸念し、幕府は神奈川宿ではなく人の行き来が少ない半農半漁の横浜村に開港場を設けた。

開港に伴い、横浜村の住民は現在の元町に移住させられた。外国人居留地と本土の境となる吉田橋には関門番所が設置（163頁）。行き来は管理されたが、商売ができるよう居留地内に日本人商家が集まる日本人町がつくられた。やがて通訳や使用人として欧米人に雇われ、来日する中国人（華僑）が増え、中華街も形成されていく。

【横濱建築の歴史年表】

横浜・日本の出来事

- **年代1850** 武蔵国久良岐郡横浜村（現在の山手の丘から北西に突き出した洲）の近辺に幕府役人の姿が見られるようになる
- **1853年** ペリーが浦賀に来航
- **1854年** ペリー艦隊、浦賀に二度目の来航／日米和親条約を締結
- **1855年** 日露和親条約締結
- **1858年** アメリカを含む5か国と修好通商条約を締結（安政五カ国条約）／江戸と大坂の2か所の開市。箱館・新潟・神奈川・兵庫・長崎の5つの開港が定められる／安政の大獄
- **1859年** 横浜開港
- **1860年** 開港場の日本人町でオランダ船長デ・フォス、商人デッケルが殺害される／桜田門外の変／日本初の西洋式競馬が開催される

THE HISTORY OF

横浜の建物

- **年代1660** 埋め立てにより現在の横浜・関内駅周辺に村ができる

吉田橋には関門跡の石碑が建つ

- **1859年** 吉田橋のたもとに関所が置かれる ▼163頁／港崎町（現・横浜公園）に金毘羅大権現（現・金刀比羅大鷲神社）が創建される ▼174頁
- **1860年** 横浜村に外国人居留地が設けられる／オランダ人船長C・J・フフナーゲルが日本初の近代ホテル・ヨコハマ・ホテルを開業 ▼82頁

＊1：箱館、新潟、神奈川、兵庫、長崎
＊2：横浜居留地改造及競馬場墓地等約書

「時代に翻弄される」とは、どんな場所にもあてはまる言葉かもしれない。
それでもなお横浜という町は、誕生からして大事件。
時代の渦中で再建を繰り返した町や建物には、語るべきストーリーが尽きない。

② 横浜で花開く西洋文化
関内大災／慶應2（1866）年～

開港した5つの港（＊1）の中でも東京に近い横浜には行き来する外国人が多く、西洋文化の開花も勢いを増した。1860年代からはパンやアイスクリームの製造、ビールの醸造も始まった。万延元年には、欧米人による競馬も開催。ホテルやガス灯、下水道、新聞、バーなど、多くの"日本初"が横浜から全国に広がっていく。

横浜から世界に輸出されたものもある。特に絹の生糸は諸外国から関心が高く、開港以来80年以上の間、中心的な輸出品として取引された。

西洋文化が広まる中、慶応2年に居留地内の日本人町にあった豚肉料理屋から火事が発生。隣の遊郭に飛び火し、日本人町を焼き尽くす大規模火災となった。居留地の再建にあたり、外国人たちは西洋都市計画の手法に倣うことを要求。防火帯を兼ねる大通りの建設や下水道の整備を盛り込んだ誓約書（＊2）が諸外国と幕府の間で結ばれる。

1862年
生麦で薩摩藩藩士がイギリス人を斬り殺す（生麦事件）

1864年
フランスを加えた4か国と幕府の間で横浜居留地覚書が締結
新撰組による池田屋事件、禁門の変

1865年
リズレーのアイスクリームサロン開業

1866年
関内の日本人町で火災が起こる（豚屋火事）
横浜居留地改造及競馬場墓地等約書が締結
薩長同盟、徳川慶喜が15代将軍に就任

1867年
大政奉還
王政復古の大号令

1869年
東京に遷都

1872年
横浜（現在の桜木町駅）～新橋に鉄道開業

1879年
R・H・ブラントンの設計により日本初の西洋式街路・日本大通が完成

YOKOHAMA ARCHITECTURE

1862年
中華街の裏通りに関帝の木像を祀る祠が建立される ▼153頁

古来より中国の人々に崇拝される 関羽（関帝）

1866年
横浜競馬場（根岸競馬場）で日本初の近代競馬開催 ▼124頁

1869年
吉田橋が鉄橋に建て替えられる ▼163頁

1871年
華僑の寄付により横浜関帝廟が建設される ▼153頁

1874年
横浜指路教会が関内居留地に設立 ▼168頁

1875年
関東最古の能舞台が建てられる ▼171頁

西洋式の町づくりと震災復興建築

③ 西洋建築の建設と町づくりが進む
居留地の撤廃／明治32（1899）年〜

　諸外国との誓約書に基づく西洋式の都市づくりのため、招かれたのが英国人技師のR.H.ブラントン。日本大通（155頁）や横浜公園を設計・施工し、下水道の整備も実施した。建物もまた、ベランダコロニアル様式や擬洋風建築から煉瓦造や石造へと、本格的な西洋建築に変わる。ブラントンやリチャード・ブリジェンス（＊1）など西欧の建築家に加え、妻木頼黄（＊2）や片山東熊（＊3）、遠藤於菟（＊4）など日本人建築家による西洋建築物も多く建てられた。

　そして明治32年、居留地が撤廃され、関所が取り払われる。交通網や電気などのインフラ整備をさらに進めようと勢いづく横浜市。そこに、未曾有の大震災が襲いかかる。

【横濱建築の歴史年表】

横浜・日本の出来事	1889年	1894年	1899年	1902年	1904年	1905年	1914年
	大日本帝国憲法の発布	日清戦争勃発	外国人居留地が廃止 市制施行により横浜市となる	日英同盟締結	日露戦争勃発	ポーツマス条約（日露講和）締結	日本がドイツに宣戦布告する

THE HISTORY OF

横浜の建物	1882年	1883年	1893年	1901年	1904年	1908年	1909年	1911年
	金刀比羅大鷲神社が真金町に遷座 ▼174頁	旧横浜居留地48番館竣工 ▼154頁	西之橋（現・浦舟水道橋）架設 ▼178頁	伊藤米店が開業 ▼148頁	横浜正金銀行本店（現・神奈川県立歴史博物館）竣工	崎陽軒が横浜駅（現・桜木町駅）構内の売店として創業 ▼136頁	有隣堂が開業 ▼110頁	日本初の鉄筋コンクリート造である旧三井物産横浜支店（現・KN日本大通ビル）竣工／横浜新港埠頭倉庫（現・赤レンガ倉庫）竣工

＊1：横浜西洋館の祖とも呼ばれるアメリカ人設計技師。横浜駅舎や横浜税関などを手掛ける
＊2：明治建築界の三大巨匠のひとり。大蔵省などで数多くの官庁建築を手掛け、明治時代の官庁営繕組織を築いた。代表作に横浜正金銀行（現・神奈川県立歴史博物館）や横浜新港埠頭倉庫（現・赤レンガ倉庫）など
＊3：迎賓館赤坂離宮や京都国立博物館などを設計した国家的建築家。3代目神奈川県庁舎ほか横浜でも官庁建築を設計

建設中のホテルニューグランド（72頁）

④ 震災からの復興
関東大震災／大正12（1923）年〜

大正12年、関東大震災が発生。建物の多くは倒壊・焼失し、町の広範囲が壊滅的被害を受けた。木造のみならず煉瓦造や石造の建物も失われる中、日本初の鉄筋コンクリート造である旧三井物産横浜支店（現・KN日本大通ビル）は、ほぼ被害なく建ち続ける。かねてより注目されていた鉄筋コンクリート造の強靭さが証明される形となった。

人々の生活を取り戻すため、震災復興支援団体の同潤会により山下町アパートメントや平沼町アパートメントなど、鉄筋コンクリート造の集合住宅が建設。交通網の充実や区画整理も進められ、公共建築物にも鉄骨鉄筋コンクリート造が多く用いられる。日本大通の道沿いに再建される官公庁などの建物は、4階建ての高さ、鉄骨鉄筋コンク

リート造が基本とされた。

横浜を離れた外国人を呼び戻すことも急務とされ、外国人住宅やホテルの建設も急ピッチで進められた。アメリカ人建築家のJ.H.モーガン（＊5）は、スパニッシュ様式の外国人住宅を多く手掛けている。当時の復興建築には外国人への印象づけを意識した日本の伝統様式、東洋的な意匠を取り入れた建物が多い（＊6）。

1918年	1919年	1920年	1923年	1928年	1930年	1931年	1933年	1936年	1937年
第一次世界大戦終結	ベルサイユ講和条約に調印	国際連盟に加盟	関東大震災が発生 横浜市は壊滅的な被害を受ける	3代目横浜駅（現・横浜駅）が開業 横浜市営バスが開業	山下公園が完成する	満州事変が起こる	国際連盟から脱退	2・26事件が発生	日中戦争勃発

YOKOHAMA ARCHITECTURE

1917年	1924年	1926年	1927年	1928年	1929年	1930年	1931年	1934年
開港記念横浜会館（現・横浜市開港記念会館）竣工▼158頁	三河屋（現・かもめパン）創業▼142頁	横浜指路教会再建▼168頁	ホテルニューグランド開業▼72頁 神奈川県衛生研究所竣工 山下町アパートメント、平沼町アパートメントが建設される▼179頁	神奈川県庁本庁舎竣工▼159頁 朝日湯開業▼96頁	横浜中央電話局竣工▼157頁 根岸競馬場が再建▼124頁	インペリアルビル竣工▼20頁	英国総領事館（現・横浜開港資料館）再建▼134頁	横浜税関竣工▼158頁

＊4：地元横浜で西洋文化と触れ合い、先駆的な建築スタイルを取り入れた。旧三井物産横浜支店（1911年竣工）を設計
＊5：大正9年に来日し、根岸競馬場（124頁）やベーリックホールなど横浜を中心に多くの近代建築を残した。丸ノ内ビルディングや郵船ビルディングなど大規模ビルディングの建築にも参画
＊6：渡辺仁が設計したホテルニューグランドや、神奈川県庁本庁舎（159頁）などにその特徴がよく現れている

防火帯建築から現在、未来へ
ぼうかたい

⑤ 戦災・米軍の接収から復興に向けて
接収解除／昭和27（1952）年頃～

震災を経て都市機能の充実した町に向かうはずだった横浜を、再び災禍が襲う。第二次世界大戦に突入した日本で海軍の拠点となった横浜は、終戦直前の昭和20年、大空襲により甚大な被害を受ける。猛火に包まれて終戦を迎えた町は、続いて米軍の接収に遭う。接収は市街中心部や港湾部にとどまらず広い範囲で行われ、空襲でわずかに残った建物のほとんどが米軍の支配下になった。

そんな渦中の昭和25年、横浜市は国際港復興に向けた都市計画を打ち出し、接収解除運動の機運も高まった。昭和26年、講和条約と日米安保条約が締結。翌年、日米の行政協定により接収地を改めて米軍に提供する一方、多くの施設が返還されることとなった（＊1）。

【横濱建築の歴史年表】

横浜・日本の出来事									
1941年	1945年	1946年	1950年	1951年	1952年頃	1952年	1956年	1960年	1964年
太平洋戦争勃発	横浜大空襲。ポツダム宣言を受け終戦。米軍による建物の接収が始まる	日本国憲法公布	朝鮮戦争勃発	サンフランシスコ講和条約、日米安全保障条約に調印	接収解除が始まる	耐火建築促進法が施行	横浜市が政令指定都市になる	新安全保障条約発効	東京オリンピック開催 東海道新幹線が開通、新横浜駅ができる

THE HISTORY OF

横浜の建物							
1949年	1954年	1956年	1957年	1959年	1961年	1964年	1965年
中乃湯（現・仲乃湯）開業 ▼84頁	神奈川県立図書館開館 ▼122頁／スターダスト開業 ▼58頁／横浜花月映画劇場開業 ▼98頁	有隣堂ビルが完成 ▼110頁	徳永ビル竣工 ▼32頁	吉田町第一名店ビル竣工 ▼30頁／シルクセンター開館 ▼108頁	住吉町新井ビル竣工 ▼165頁／横浜マリンタワー開業	諸星酒造の現店舗が新築 ▼70頁／イセザキ・シネマ座開業 ▼98頁／野毛都橋商店街ビル竣工 ▼46頁	泰生ポーチビル竣工 ▼167頁

＊1：返還当時の横浜中心地は「関内牧場」と呼ばれるほど荒れ果てた状態だったという
＊2：モダニズム建築の礎を築いた、20世紀を代表する近代建築の巨匠ル・コルビュジエに師事した3人の日本人のひとり。神奈川県立図書館（前川國男館）の設計も手掛ける（122頁）

⑥ 不燃都市化から歴史を生かした町づくりへ

接収解除により再建する有隣堂ビル（110頁）

当時の日本には、防火建築帯を築き不燃都市をつくろうという政府主導の動きがあった。横浜もまた、特有の防火帯建築が続々と建てられる（12頁）。加えて前川國男（＊2）、坂倉準三（＊3）などモダニズムの建築家たちが中心となり、復興期の横浜に多くの優れた建築物を生み出した。

そんな戦後横浜の特徴的な建物である防火帯建築も、築70年を迎える。同時期の建物を含め、老朽化が進み修繕・改築を必要とし解体されるなど、歴史的に貴重な建造物が失われる例も少なくない。そうした損失を防ぐため、昭和40年代半ばからの横浜は、市に都市デザイン室が設けられ、都市デザイナーの田村明らによって歴史を生かした町づくりを目指す。浦辺鎮太郎（＊4）らにより、横浜開港資料館（134頁）などの新たなランドマーク的建造物も建てられた。そして現在、市民サポーターやNPO法人などの町並み保存やコミュニティづくりも活発化し、クリエイターやアーティストも集って創造都市横浜を盛り上げている。官・民・学・産が協働し、歴史的な景観や建物を生かしながら持続可能な活用法を探る活動も多い。

1971年	横浜市に都市デザイン担当（のちの都市デザイン室）が設置される
1972年	札幌オリンピック開催／沖縄返還
	横浜市営地下鉄開業
1977年	厚木基地を離陸した米軍偵察機が横浜市緑区に墜落（横浜米軍機墜落事件）
1978年	日中平和友好条約締結
1995年	阪神・淡路大震災
1998年	長野オリンピック開催
2004年	みなとみらい21線開業
2009年	横浜開港150周年
2011年	東日本大震災
2020年	新型コロナウイルス感染症が流行
2021年	東京オリンピック開催

YOKOHAMA ARCHITECTURE

1967年	▼泰生ビル竣工 166頁
1968年	▼新徳永ビル竣工 42頁
1970年	▼かをりがヨコハマ・ホテルの跡地に移転する 82頁
1972年	▼ウインドジャマー開業 154頁
1978年	▼横浜スタジアム完成
1981年	▼横浜開港資料館開館 134頁
1983年	▼ケーブルカー開業 56頁
1989年	▼横浜シネマリン開業 98頁／横浜ベイブリッジ開通
1993年	▼横浜ランドマークタワー開業
1996年	▼横浜駅東口に崎陽軒本店がオープン／横浜能楽堂開館 171136頁頁
1998年	▼横浜国際総合競技場が完成
2002年	▼横浜港大さん橋国際客船ターミナル竣工
2018年	▼関内ホール改修 169頁

＊3：ル・コルビュジエに師事し、戦前戦後の日本建築界を代表するひとりとしてモダニズム建築を実践。昭和12年のパリ万国博覧会で日本館を設計し、世界的に評価を受けた

＊4：出身地である岡山県倉敷市で活躍した後、横浜で大佛次郎記念館などの公共建築を手掛けた。既存の町並みや建物の特徴、歴史を生かした独自の手法に基づく設計で知られる

防火帯建築のタイプ一覧

◀ 中庭空間や裏路地

建物背後に中庭や裏路地のような空間を設ける防火帯建築は、横浜独特の形式と言われる。建物の連続性による防火機能を確保しながら、都市にゆとりのスペースをもたらす。

とくなが
徳永ビル

昭和31(1956)年竣工 ▶32頁
通りから見ると1棟の建物だが、裏には中庭空間があり別棟と空中ブリッジで繋がっている

▶ 長屋式の共同ビル

横浜に現存する防火帯建築は200余棟。独立した一戸の建物もあるが、複数の店舗や店舗つき住宅が連なり、それぞれ所有者が異なる「長屋式」と呼ばれるビルが多い。

早川他共同ビル

昭和32(1957)年竣工
福富町にある民間5者の共同長屋ビル。内部が5つに分割され、各所有者の改修によりそれぞれ外壁塗装色も異なる

写真：中井邦夫

◀ 空室の再活用

横浜市がアーティストやクリエイターとともに町の活性化を図る芸術不動産事業でも、歴史的建築物、そして横浜らしい町の顔として防火帯建築を再活用する動きが出ている。

すみよしちょうあらい
住吉町 新井ビル

昭和36(1961)年竣工 ▶165頁
築60年以上。建築家やアーティストのアトリエが多数入居し、それぞれがユニークな改装を行って活用している。

昭和30年代、全国90都市以上で進められた防火建築帯造成事業。
横浜の地では独自の展開を見せ、「防火帯建築」という言葉が使われた。
そして造成事業の終止から約70年——改めて、ハマ特有の防火帯建築を解く。

▶3階建て以上

耐火建築物の基準はおおむね地上3階建て以上、奥行き11メートル（約6間）以上。帯となる間口をできるだけ長く延ばせるよう、複数所有者による共同ビルが推奨された。

しんとくなが 新徳永ビル

昭和43（1968）年竣工 ▶42頁
一見オフィスビルのような外観。ビル上階は一般居住者の生活の場となる

▶下駄履きアパート

下の階は店舗やオフィスで、上の階は共同住宅になっている複合用途型。いわゆる下駄履きアパートは、防火帯建築にも多く用いられている。

よしだまちだいいちめいてん 吉田町第一名店ビル

昭和32（1957）年竣工 ▶30頁
赤一色の外壁が映える全長約90メートルの建物は、そのまま一街区を占めている

▶角地＆コの字形

通りの角に構え、2面を覆うような防火帯建築や、コの字形で中庭を持つ防火帯建築も横浜には多く見られる。建物の右側と左側で所有者が異なるケースもある。

たいせい 泰生ビル

昭和42（1967）年竣工 ▶166頁
3階より上の上層階に中庭空間を持つコの字形の建物。1階は飲食店、2階は事務所、3階以上は賃貸住宅が入る

写真・中井邦夫

昭和27年5月、耐火建築促進法が施行された。町の中に延焼を防止する耐火建築の帯をつくる。そのための法律であり、防火建築帯という法律上の言葉が用いられた。

　横浜の町にとって、耐火建築促進法は接収解除後の町並み復興の鍵となった。関内周辺を中心に相次いで防火建築帯のための建物が建てられ、その数約500棟。ただし法改正や経済的な理由で、複数の建物が連続する建築帯を形成することが難しかった。

　防火建築帯の一部として建てられながら帯になり得なかった建物たち——これらが防火帯建築と呼ばれるようになった。

横浜のエリアと建物

・・・・・・・・・・・・・・・・・・・・・・・・・・・・

ハイカラ、クラシック、港町──
華やかな観光地として語られる一方で
歴史が息づく市井の人々の暮らしが垣間見られる、
そんな横浜ならではの文化や技術と
深い関わりを持つ建物をめぐってみよう。

住宅が密集する野毛エリア

旧正月で賑わう横浜中華街

ARCHITECTURE

岸根公園　　妙蓮寺　　　　　　　　　　　　　　　　　　　　　　　　　　　　　　　　鶴見小野

L 生麦

大口

白楽　　　**5** 東海道

H 京急新子安

東白楽　　　子安

三ツ沢下町　　　神奈川新町

東神奈川

京急東神奈川

反町

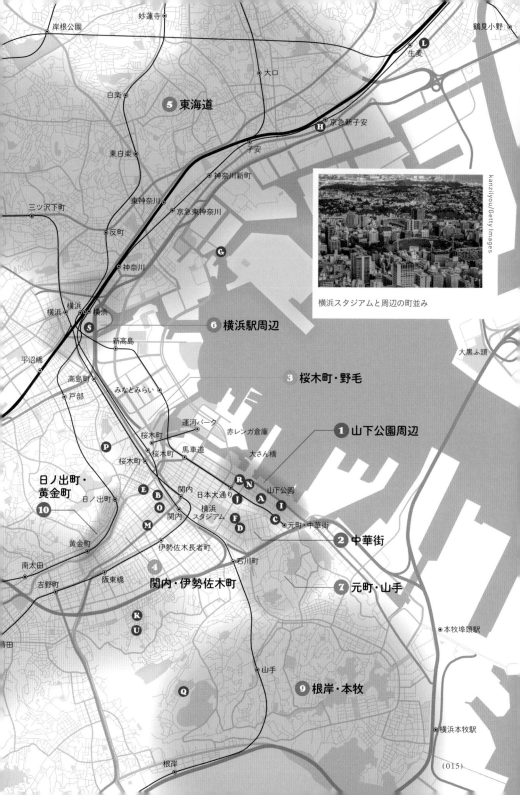
kanziiyou/Getty Images

神奈川

横浜スタジアムと周辺の町並み

横浜　　G

横浜

平沼橋　　　　新高島　　　　　　　　　　　　　　　　　　　大黒ふ頭

S　　**6** 横浜駅周辺

高島町

戸部　　みなとみらい　　　　**3** 桜木町・野毛

運河パーク

桜木町　　　赤レンガ倉庫

P　　桜木町　　馬車道　　　　**1** 山下公園周辺

大さん橋

R N

J A　山下公園

日ノ出町・　　E　　関内　　日本大通り　　　I

黄金町　　B

日ノ出町　　O　　関内　　横浜　　　C 元町・中華街

10　　　　　　スタジアム　　F

M　　　　　　D

黄金町　　　　　**2** 中華街

伊勢佐木長者町

南太田　　　　　　　　**4**　　石川町

阪東橋　　**関内・伊勢佐木町**　　　　　　**7** 元町・山手

吉野町

K

U　　　　　　　　　　　　　　本牧埠頭駅

山手

9 根岸・本牧

Q

横浜本牧駅

根岸

横浜10エリアの風土

山下公園周辺 ❶

震災復興建築が並ぶ通り沿い
"横浜らしさ"を体感できる

関東大震災からの復興事業として造成された山下
公園。周辺には氷川丸や赤レンガ倉庫などがあり、
観光に人気のスポットである一方、インペリアル
ビル(20頁)やホテルニューグランド(72頁)など
竣工当時の佇まいを残す復興建築も多く見られる。

海側から見る山下公園やホテルニューグランド

中華街 ❷

震災・戦災を経てなお
中国文化が根づく繁華街

開港後、中国人(華僑)たちによって築き上げられ
た日本最大の繁華街。大震災や戦禍を経てなお独
自の中国様式を守り続け、一大観光地として多く
の人を集める。東西南北の方位に沿って道が走り、
周辺地域から見て斜めに構える形になっている。

開港当時、中華街周辺は横浜新田と呼ばれていた

東海道 ❺

今も昔も
賑わいを呼ぶ

旧東海道で重要な位置を占め、
県名の由来となった神奈川宿。
現在の横浜駅と京急線神奈川駅
の間の坂道に位置し、近代都市
横浜の母体とも言える土地。大
震災と戦争で宿場町の面影は失
ったものの、現在でも賑わいと
同時にどこか懐かしさを残す。

横浜駅周辺 ❻

国内有数の
メガシティ

ひとつの駅に乗り入れる鉄道事
業者の数が日本一と言われる横
浜駅。関東大震災後、埋め立て
地につくられた駅は川に囲まれ、
周辺には大型観光施設が建ち並
ぶ。駅の西側はかつて広大な湿
地があり、現在その場所は繁華
街となり賑わいを見せる。

元町・山手 ❼

西洋建築が残る
丘陵住宅地

外国人居留地として開発され、
洋式や擬洋風の建物が残る。山
手地区景観風致保全要綱に基づ
き、地域の魅力である町並みの
維持保存や眺望の保全が図られ
ている。閑静な丘陵住宅地であ
ると同時に、教育機関が多い文
教地区としての顔も持つ。

横浜は、横浜というひとつの都市でありながら、
エリアごとの特徴が非常に色濃く凝縮された街だ。
異国情緒も時代の流れも取り込んだ生活の場が、様々な顔を見せる。

桜木町・野毛 ③

開発地区と下町
東西で異なる顔を持つ

日本で初めて鉄道が通った桜木町駅（旧横浜駅）
の東側は、観覧車を臨みランドマークタワーへと
続く新興開発地区。西側を歩けば古き良き、そし
てちょっと怪しき下町情緒がディープに漂う野毛。
桜木町駅の地下には、広大な地下街が広がる。

写真：編集部

大岡川に架かる都橋から見る野毛都橋商店街ビル（46頁）

関内・伊勢佐木町 ④

横浜ことはじめの地
洋風建築・防火帯建築を多く有する

かつて関所が置かれ、日本と外国を分けた地。東
口の横浜スタジアムから海岸通りに向かえば、官
公庁街の洋風建築と防火帯建築が数多く残る。西
側には明治初期から劇場が立ち並び、日本一の商
店街と呼ばれたイセザキ・モール（170頁）がある。

関内駅からすぐ、イセザキ・モールの入口

南区 ⑧

空襲を免れ
下町情緒が残る

横浜市18区中もっとも人口密度
が高い南区は、開港以来の下町。
大規模な団地が並ぶ一方で、昔
ながらの商店街が活気を醸し、
歴史ある寺院や伝統文化が住民
の生活に根づいている。地形的
には、急傾斜や狭い道路が入り
組んだ複雑な様相が特徴。

根岸・本牧 ⑨

異国情緒が
溶け込む町並み

広範囲が米軍基地として使用さ
れていた本牧には、異国情緒が
町の自然な風景として溶け込む。
基地の返還地が大型ショッピン
グタウンとなって人気を集めた
が、みなとみらいの開発により
外からの客足は減少。そのぶん
住宅街としての落ち着きを醸す。

日ノ出町・黄金町 ⑩

生まれかわる
アートタウン

大岡川の船運により問屋街とし
て拓けた地域。かつて風俗店が
建ち並ぶエリアだったが、横浜
市や地域住民、アーティストや
建築家が協働で進める「アート
による街づくり」により高架下
の建物を中心にリノベーション
が進み、商業・文化施設が集う。

通りに対して壁のように建つ防
火帯建築、吉田町第一名店ビル
（30頁）。この街区の並びには
防火帯建築が数棟見られる

INTERVIEW & COLUMN

開港の歴史の中で生まれた横浜発祥の文化や、
近代化とともに発展した技術。
本書では、横浜ならではの文化や技術と
関わりの深い建物を取り上げ、その軌跡を知る方に話を聞いた。

移りゆく時代を、市井の人々はどのように生きたのか——
建物が人々の暮らしを物語り、その思いを繋ぐ。

 住まい
一見よくある共同ビルだが、中に足を踏み入れると設計者の意匠が伝わる見どころがたくさん。耐火性を備えた防火帯建築も多い。

 社交場
外国人や商人など、様々な人が行き交う地に存在する社交場。横浜もまた夕暮れ時になると、自然と飲み屋街に人々が集い始める。

 酒場
開港に伴い外国人向けのバーが誕生した横浜は、日本のバー文化発祥の地と言われる。現在でも当時の名残を留める店は残る。

 宿
関東大震災後、外国人向けに多くの西洋式ホテルが開業。中でもホテルニューグランドは、復興のシンボルとして市民に親しまれる。

 銭湯
昭和40年代は340軒あった市内の銭湯は、現在50軒以下まで減少。その役割も、単なる銭湯から市民の憩いの場へと変わりつつある。

 技術
欧米の新たな技術が入る中で盛んになった映像産業や、生糸輸出の過程で生まれたシルク。開港の町ならではの産業遺産に目を向ける。

 本
伊勢佐木町で創業した有隣堂は、今や首都圏を中心に展開する老舗書店に。神奈川県立図書館もまた市民の文化の礎を担っている。

 娯楽
居留地に住む欧米人にとって、娯楽と社交の場となった根岸競馬場。現在は遺構のみ残るが、その存在は開港の歴史を物語っている。

 食
昔ながらのシウマイに、学校給食でおなじみのあげパン。ハマっ子の食を支えてきたローカル企業の歴史を、建築とともに紐解く。

YOKOHAMA ARCHITECTURE

謎多きモダニズム建築家が残した名作

インペリアルビル

 住まい

建築家・川崎鐵三は横浜で数多く
のビル設計に携わったが、現存す
る建築物はインペリアルビルを含
め3棟のみ。監修などで関わった
とされる建築物は2棟残る

インペリアルビル

DATA

創業	昭和5（1930）年
竣工	昭和5（1930）年
設計	川崎鐡三
構造	鉄筋コンクリート造
	※5階ペントハウス部分は木造

| 1階 | ※カッコ内は現在の用途 |

- 食堂（ギャラリー）
- ボーイ室（事務所）
- 台所（事務所）
- ホール
- トイレ
- 階段
- 物置
- バー（ギャラリー）
- 玄関
- 売店（ギャラリー）

| 2階 | ※現在はすべて事務所 |

- トイレ
- 居室
- 寝室
- 居室
- 寝室
- 居室
- 寝室
- 寝室
- 廊下
- 居室
- 寝室
- 居室
- 寝室
- トイレ
- トイレ

平面図

HISTORY ┆ 歴史

昭和5年12月（1930）
第四回建築学会において東京・横浜の関東大震災からの代表的復興建築として選定される

昭和20年（1945）
終戦。進駐軍により接収され5階部分に木造ペントハウスを増築

平成23年（2011）
横浜市認定歴史的建造物に選定される

昭和5年6月（1930）
横濱外人アパートメントとして創業

昭和9年（1934）
5階部分を鉄筋コンクリート造により約9坪増築

昭和40〜45年（1965〜70）
ビル表面部分をスチールサッシからアルミサッシへ変更

＊1：耐震診断のため、建物の壁や床などコンクリート部分に円筒形の穴をあける工事
＊2：天然石を細かく砕いたものをモルタルに混ぜ、壁や床などに塗って研磨する工法。クラシカルなデパートやホテルの階段、床などに用いられている

STRUCTURE | 構成

モダンなスチールサッシ

アルミサッシが普及する以前のビル建築はスチールサッシが主流であった。アルミサッシに比べると重いため開閉に力を要するが、スチールサッシならではの細くモダンな雰囲気がクラシカルな建築物に味わいを醸し出す。

横浜臨海部の土壌に合わせたコンクリート

塩害による鉄筋の錆びを防ぐため、コンクリートの骨材には川砂利を混ぜている。写真は工事の際にコア抜き（＊1）で採取されたサンプル。多くの砂利に紛れ込むように錆びひとつない光沢の鉄筋が確認できる。

人造石研ぎ出し仕上げの階段

階段の手すりや床は、セメントと種石を混ぜ合わせて研磨した人造石研ぎ出し（＊2）仕上げ。かつてはビル表面の壁面にもこの工法がなされていたが、表面をアルミサッシに変更した同時期に壁面も変更されたと思われる。

接収時代の名残・屋上天窓

昭和9年の増築及び終戦後の接収によるペントハウス増築で、わずかに残っている屋上（通常は立ち入り禁止エリア）にあるたったひとつの天窓。この天窓がある入居者は、日が差し込んでくるのが嬉しいと話す。

MEMO

戦後・横浜の米軍接収

横浜市中区山下町を含めた横浜中心部は戦後連合国軍によって広範囲にわたり接収される。横浜に本社を置いていた商社など多くの企業が東京への移転を余儀なくされたことで、のちに日本経済の中心が横浜から東京へと移る一因となった。昭和20年代後半から徐々に接収解除が進んだが、本牧や根岸の米軍住宅地の返還はさらに数十年の時間を要した。

1階売店跡と階段。重厚感のある人造石研ぎ出し仕上げの階段や床から、インペリアルビルが多くの要人を受け入れた高級アパートメントだったことをうかがい知ることができる

時代に翻弄されながら生き残る

大正12年の関東大震災後、建物法規の構造規定が改正され、横浜市は次に同レベルの地震が起きても耐えられるように耐火・耐震構造の建物を建築する奨励を進め、このインペリアルビルもそれらの基準を満たした「復興建築」として建てられた。神奈川県建築監督官からの「お墨付き」の書類も保管してある。

「これは『次に関東大震災レベルの地震がきても、それに耐えられるレベルだと"信じます"』という書面なんですね。その当時だから"信じます"としか書けなかったんでしょう。保証してくれているのかどうかさえわからない書面なんですが、平成23年の東日本大震災（＊1）の時、近所では大騒ぎでしたが、このビルでは『ちょっと大きかったね』というくらいで、近隣の建物とは揺れの感じ方がだいぶ違ったらしいの

ですね。それだけ頑丈に造られているのだなと、その時になって、やっとこの『お墨付き』通りだと実感しました」と語るのは、有限会社インペリアルビルの3代目にあたる専務取締役・上田正文さん。

コア抜きで採取された鉄筋は、築90年経過しても錆びがほとんどなく綺麗なままである。インペリアルビルのコンクリートの骨材には川砂利が混ざっている。海砂利だと塩分が含まれ錆びやすいことや、すぐそばに横浜港があるという立地条件からも鉄筋が錆びないよう細心の構造がなされている。

「他のビルに比べて鉄筋が多く組み込まれていて、砂利も固いため、コア抜きには通常の倍くらいの時間を要するそうで、工事関係者はいつも泣きながら施工しています」

インペリアルビルは、正文さんの祖父にあたる上田要蔵さんにより昭和5年に上田屋ビルディング第二号館として建設された。「横濱外人アパートメント」という名称で、在日外国人向けの長期滞在型ホテルとして運営することが当初の目的であった。

「ジャーディン・マセソン商会（＊2）で商売の知識を学び、関内の弁天通でシルク製の衣料品を販売する店（上田屋絹シャツ店）を開業しました。商売が大成功し、その財源で上田屋ビルディング第一号館（オリエンタルビル）を建て、さらにこのインペリアルビルを建てたのです。アパートメントは、当時ニューヨークタイムズの横浜支局員からの『これからの時代は外国人向けのアパートメントが必要である』という助言があって建築したそうです」

要蔵さんは山梨県久那土村（＊3）出身。開港から70年ほど経過した当時の横浜には、要蔵さんの他にも多くの山梨県出身の実業家が横浜で商売を成功させていた。そんな「甲州商人」「甲州財閥」と呼ばれた著名な一人の生糸商人・若尾幾太郎氏から建築家・川崎鐵三氏を紹介され、インペリアルビルの設計を依頼する。生糸貿易で財を成した若尾氏は大正14年に横浜市

正文さんが古書店で入手した東京高等工業学校の1912年の卒業アルバム。設計者・川崎鐵三氏が写っている

中区本町で若尾ビルを建築したが、その設計にあたったのが川崎氏だったのだ。

「川崎鐵三はとにかく謎の多い人物で、設計した建築物はほとんど横浜のこのあたりで7棟ほどあったのですが、現存しているのはうちと昭和ビル（横浜市中区海岸通）、ジャパンエキスプレスビル（同）の3棟のみです」

横浜を中心にモダニズム建築を残した川崎氏。インペリアルビルには外観にカーテンウォールのデザインを施した。

「建築構造上、取り外し可能な壁ではないので、厳密にはカーテンウォールではないのですが、一枚ガラスのように見えるデザインということ

左／インペリアルビル全景。5階には、進駐軍による接収直後、増築された将官クラス専用のペントハウスがある　右／1930年開業時に撮影された上田家の記念写真。カーテンウォール風のデザインで、当時としては斬新な外観

なんでしょうね。当時ニューヨークの建物には
カーテンウォールが主流だったと言われていて、
インペリアルビルは日本でもそれに近い手法を
いち早く取り入れた斬新なビルだったのです」

　そのカーテンウォールには人造石研ぎ出しの
外枠が存在していたが、昭和40年頃にスチール
サッシからアルミサッシに変更した際に撤去し
てしまったそうだ。

「ダークグリーンの外枠だったのですが、アル
ミサッシに替えた時に削っちゃったみたいなん
です。私がその時にオーナーだったら絶対にそ
んなことはさせなかった。スチールサッシの良
さを残しておきたかったのはもちろん、伝説の
建築家である川崎鐵三が残した作品に手を入れ
たくはなかったですね」

　そう悔やむ正文さんはスチールサッシにこだ
わりを持っている。アルミサッシに替わったビ
ルの表面部分以外はスチールサッシのままだ。

「何よりもモダンで味わいがあります。アルミ
サッシに比べたら開閉が重いので不便ですが、
1階のフロアにあるサッシは開閉に力を入れな
くてもいいように内部に錘（おもり）が入っているんです。
こういうカラクリというか、先人の工夫には感
心させられます」

　外国人向け長期滞在型アパートメントの運営
にあたり、英語が話せる人が必要なことと、西
洋式の接客を行えるようにジャーディン・マセ
ソン商会から何名かの社員を引き抜いてオープ
ンしたが、やがて戦局が怪しくなり、昭和20
年に第二次世界大戦が終戦。日本は敗戦し、イ

ンペリアルビルは進駐軍によって接収されてし
まう。その際に屋上に増設されたのが木造のペ
ントハウスだ。

「インペリアルビルは進駐軍が寝泊まりするた
めに利用されていたそうです。ペントハウスは
高い地位の将校が家族で住める専用のもので、
要は一軒家を丸ごと屋上に増設したわけです」

　接収は長きにわたり、要蔵さんが早く返還し
てほしい旨の嘆願書を提出するほどであったが、
終戦から10年後の昭和30年、ようやく接収解除
され上田家に返還される。しかし設備の一部は
進駐軍に持ち去られてしまったため、ホテルと
しての営業はできず、港湾関係の事業者などの
雑居ビルとなった。

　そして昭和63年、当時25歳の正文さんがイン
ペリアルビルの運営に携わることになる。

「当時は薄暗い雑居ビルとなっていて、それが
すごく嫌だった。まずビルのあらゆる部分の掃
除やペンキの塗り替えなどを一人でやっていま
したね」

　そうするうちにインペリアルビルはかつての
外国人向け長期滞在型アパートメントとしての
輝きを少しずつ取り戻し始め、入居者もその建
物の味わいを理解する人々に代わっていく。

「最近はドラマやら映画やらの撮影が多く入る
ようになって、その都度入居者に連絡・調整す
るのが忙しいです」

　あと数年で築100年となり、正文さんも還暦
を迎えた。自分が目の黒いうちはこのビルを残
していきたいと話す。

＊１：気象庁によると大正12年の関東大震災では横浜市が震度6、平成23年の東日本大震災では横浜市中区が震度5強と
　　　されている
＊２：現在のジャーディン・マセソン・ホールディングス。イギリス系企業グループの持株会社で、前身は東インド会社
＊３：山梨県西八代郡にあった村。現在の南巨摩郡身延町

下から階段を望む。ペントハウ
スを増築した5階だけ、やや特
殊な構造となっている

1.旧売店裏の物置。戦時中は防空壕代わりとなり、ビルの貴重な資料は今もここに残る **2**.アパートメント時代の部屋鍵 **3**.3階に入居する「テーラーグランド」。フルオーダーによるシャツやスーツの仕立てを行う **4**.5階のペントハウス部分へ入る境目

5

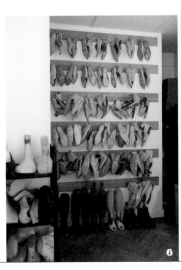

6

7

5.1階売店跡。宿泊者向け
に生活雑貨などを販売してい
た　6.5階に入居する「T.Shi
rakashi Bootmaker」では、
ハンドメイドによるビスポー
クシューズやブーツの製造と
販売を行う　7.神奈川県建
築監督官による復興建築の
"お墨付き"書面

INFORMATION　インペリアルビル
中区山下町25-2　☎045-662-1319
営業時間：8：00〜20：00　定休日：年始3日間

写真：中井邦夫

一街区を占める共同ビル

吉田町第一名店ビル

　関内駅と桜木町駅のほぼ中間、吉田町本通りと呼ばれる通りで赤いビルが目を引く。通りに対して壁のように建つ、典型的な防火帯建築（＊1）のひとつだ。近隣には他に3棟の防火帯建築（＊2）があり、計4棟が吉田町防火帯建築群として約200メートルにわたる防火建築帯（＊3）を構成している。

　吉田町第一名店ビル（別名第一共同ビル）は公社と民間10社による、まさに共同ビルだ。全長約90メートルはそのまま一街区を占めている。そのため建物の裏側も通りに面しており、道に沿って周囲を1周できるユニークな構造。表通りには1階店舗のエントランスが

面し、上階のアパートへの階段は裏通りからアクセスする。

　住居部分は表通りに面して廊下があり、各戸のバルコニーは裏通り側になる。バルコニーと言うと張り出している構造が多いが、壁面から引っ込む形で設けられているのは、奥行きに余裕がなかったからか。

　竣工は昭和32年。当時は1階が店舗や事務所、2階が店主の住居として使われ、3、4階は県の住宅公社の所有として共同住宅にあてられた。

　設計者は宮内建築事務所。宮内初太郎氏は、大工であった父が設立した事務所を受け継ぎ多くの建築物を手掛けた。中でも吉田町第一

名店ビルは、神奈川県と横浜市から優良建築物に選定されている。

　築60年を超えた外観は味があるが、設備などの老朽化は避けられない。改修や建て替えには居住者の話し合いや承認が不可欠だ。全国の防火建築帯が共通して抱える課題をどう解決していくのか、注目される建物でもある。

INFORMATION
———

吉田町第一名店ビル
中区吉田町 4-7
☎・営業時間・定休日：店舗により異なる

左／建物の裏側は住居部分への出入り口や１階店舗の裏口があり、大きな壁のよう　右上・右中央／赤一色の外壁に対して、内部はクリーム色と赤のコントラストが絶妙。住居部分の扉は珍しく内開きになっている　右下／余裕のある造りの共用廊下。赤い塗装が腰壁のようにデザインされている

＊１：戦後復興期、都市の防火を目的に建てられた不燃建物。詳細は12頁参照
＊２：北隣の街区に第一吉田ビルと吉田町第二共同ビル、その北隣の街区に吉田町第三共同ビルが建つ
＊３：防火帯建築という１棟１棟の建物を指す言葉は横浜で特徴的に使われており、全国的には耐火建築促進法に準じて建てられた耐火建築物の連なりをまとめて防火建築帯と呼ぶ

本町通り側から見た本館。1階
は飲食店、2階は事務所が入り、
3〜5階は賃貸住宅。後ろの中
庭や別棟には本館からも通り抜
けられる

空中ブリッジで繋がる防火帯建築

徳永ビル

 住まい

DATA	
創業	大正12（1923）年
竣工	昭和31（1956）年
設計	本館：久米建築事務所
	別棟：徳永恵治
構造	鉄筋コンクリート造

ILLUSTRATION 図解

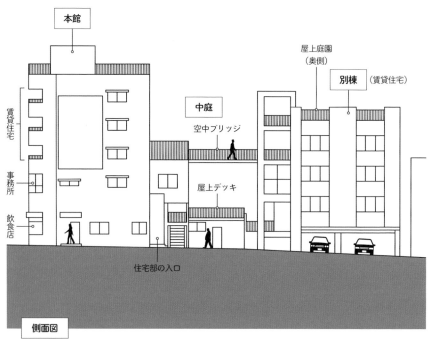

本館

賃貸住宅
事務所
飲食店

中庭
空中ブリッジ
屋上デッキ

住宅部の入口

屋上庭園
（奥側）

別棟 （賃貸住宅）

側面図

※側面図は『BA／横浜防火帯建築研究』(中井邦夫ほか／BA編集部)の資料をもとに作成

HISTORY 歴史

昭和31年
(1956)
中華街そばの現在の場所に
徳永ビルディングを建て、
賃貸ビル業を開始

昭和40年
(1965)
本館と別棟を結ぶブリ
ッジが中庭上空に架け
られる

令和5年
(2023)
創業100周年を迎える。
10年後を見据えて建て
替えを計画中

大正12年
(1923)
関東大震災からの復興のた
め、徳永恵三郎さんが元町
で建築請負業を始める

昭和40年(1965)
奥にあった2階建ての建物に覆い
かぶせるように、4階建ての別棟
を増築する。恵三郎さんの長男で
建築士の恵治さんが設計を担当

昭和41年
(1966)
別棟に屋上庭園を建造

２棟を繋ぐ空中ブリッジ

別棟の屋上庭園と本館3階のバルコニーを結ぶ空中ブリッジは、一見華奢な造りで後付け感が漂う。手すりも低く、渡る時はスリル満点。本館と別棟の床のレベルにずれがあるため、本館側が低い傾斜になっている。

中央にある屋上のドレイン

通常の建物だと屋上の端に寄せられることの多い排水口が中央部にある。確かな理由は不明だが、外観に雨どいを見せないようにするための工夫か。徳永グループが持つ他のビルにも同様のタイプが見られる。

段差を活かしたスキップフロア

床の高さをずらして各階の中間にスペースを設けている。写真は事務所だが、中庭側にある住居の出入り口にも同様のスキップフロアが見られ、無機質になりがちな階段が、立体的でありながらゆとりのある空間となっている。

手作りの屋上庭園

屋上庭園のある建物は、もともと別棟の奥に独立して建つ2階建てだった。それを取り込むように別棟が建った後、学生だった恵三郎さんの息子たちが屋上に池を造成。現在は茂る緑の中に恵三郎さんの銅像も置かれている。

MEMO

横浜ならではの防火帯建築

昭和27年、都市の不燃化・近代化を進めるため耐火建築促進法が施行された。日本各地に防火建築帯が築かれたが、横浜では個々の建築物を指す「防火帯建築」という言葉が使われるようになる。終戦後に横浜の街で米軍による接収解除が進む時期と重なったことで、防火建築帯の造成事業そのものが復興事業と見なされ、独自の発展を遂げた。

別棟側の空中ブリッジから見た本館。本町通り側の整然とした表情から一転、生活感が出ている

鉄筋ビルに仕込まれた手作りのスパイス

　大正12年当時、大工だった徳永グループ創業者の徳永恵三郎さんは、旧満洲で関東大震災のニュースを聞く。

「これは大変なことになった。復興に人手が必要に違いないと、すぐに東京に向かったようです。尋常ではない行動力の持ち主だったのでしょう」

　徳永リアルエステート株式会社の3代目社長、徳永三朗さんは祖父のことをそう話す。恵三郎さんは元町で個人経営にて建築請負業を始め、昭和10年には合資会社「徳永組」を設立した。

「壊滅的だった横浜の地で、はるばる山口から駆けつけた20歳そこそこの若い大工は相当頼りにされたようです。第二次世界大戦中も建築に従事していたため出征を免れ、地域のまとめ役かつ消防の要として街を守る役目を担ったとか。

もし祖父が戦争に行っていたら、徳永グループの運命は大きく変わっていたかもしれません」

　戦後は中華街近くに移転して、いち早く外国人向け住宅を建築。賃貸業なども兼ねて在日米軍人らに住宅を供給するとともに、横浜の復興に尽力する。

　米軍による接収解除が進む昭和31年、神奈川県住宅公社との共同ビルとして、徳永ビルディング（以下、徳永ビル）を建造。本格的に賃貸ビル業を開始した。建造当初、3〜5階は住宅公社の賃貸アパート、1、2階は米軍将校の住宅として貸し出していた。

　恵三郎さんが亡くなったのは昭和57年。それまでに、建築士となった長男の恵治さんが徳永建設興業株式会社を設立して建築・設計と不動

左／中庭側に設けられた本館住居の出入り口。大きなガラス窓からスキップフロアの構造がよく見える
右／中庭側から見下ろす別棟。外階段から建物の中の階段へとスムーズに続いていく設計は独特な雰囲気

産業の地盤を固め、横浜の復興と近代化とともにその一端を担いながら歩んできた。徳永ビル内にショールームを新設して美術工芸品や建材の販売を開始するなど、新たな挑戦にも積極的だった。

「徳永の家訓は運と努力。祖父はまさにそれを地でいく人でした。アイデアと技術で必要なものを生み出し、時代の機運を呼んで先駆けとなる様々な事業や活動を成し遂げた。その利益は地域に還元すべく活動をしていた。その気概は今に伝わっているし、受け継いでいかなければならないと思っています」

徳永ビルは、正確には本町（ほんちょう）通りに面する5階建ての建物を指す。出火の際に延焼を防ぐ建物の基準を満たした防火帯建築である。しかし通常はこの建物を本館と呼び、本館の背の部分に設けられた中庭を挟んで建つ別棟も一体として徳永ビルと呼ばれている。さらに別棟を建造する時に取り込まれた奥の2階建てビルや、中庭奥の平屋の建物も含め、全体として徳永ビルの構成要素と見なされている。

中庭はかつて日本庭園だったという話もあるが、はっきりわかる写真や資料は残っていない。確かなのは、中庭があるおかげで、中華街と山下公園に挟まれた徳永ビル全体が単なる賃貸ビルの域を超え、街中に独特の空間を生み出していることだろう。

ユニークなのは、本館の事務所部分には本町通りに面したビル入口からアクセスし、住宅部分は中庭に面した入口から出入りすることだ。住居部分の入口も、広めの階段がスキップフロア状に設けられている。そのガラス張り（後年に追加されたもの）になった開口部には、独特の開放感がある。

別棟の3階は、かつて恵三郎さんが居室にしていた。今は恵三郎さんの三女であり、三朗さんの叔母の居室となっている。事務所然とした

3代目として徳永グループ創業100年を迎えた三朗さん。父や叔父たちによる手づくりに近い空中ブリッジで笑顔を見せる

住み手の個性が現れる別棟の共
用廊下。管理もすべて徳永リア
ルエステートが担い、居住者に
寄り添った対応をしている

緑が生い茂る屋上庭園の高
台から、ビル周辺の景色を
眺める三朗さんと中井邦夫
先生。通常、屋上は立ち入
り禁止となっている

シンプルな造りの本館と比べると、別棟は廊下
に置かれた鉢植えなどが目立ち賃貸住居感が漂
う。こちらにもアトリエや事務所として使われ
ている部屋があり、建物の出入り口は、中庭側
に設けられた5段ほどの階段になっている。

「家業を継ぐつもりはなかった」という三朗さ
んは、大学で会計に興味を持ち、卒業後は税理
士事務所に勤めた。事業はそれぞれ創業者の息
子や娘が受け継ぎ、地域貢献活動を続けてきた。
　そして創業から1世紀が見えてきた頃、この
先も横浜の街とともに歩み続けるため、三朗さ
んは3代目として徳永グループを受け継ぐこと
を決意する。平成17年に社名変更していた徳永
リアルエステート株式会社の代表取締役に、平
成28年に就任した。
「それまでは完全に一族経営でしたから、その
良い部分もある反面、現代企業として組織づく
りなどに改革すべき点もありました。自分なり
に30年計画を立て、覚悟して家業に飛び込んだ。
祖父に対するリスペクトの念は一族共通のもの
であり、その部分で一致団結しながら古きに学
び、必要なことは新たに取り入れながら今に至
ります」
　例えば、スタッフの個性や能力を尊重し、が
んばったら報われる給与システムを導入。「社
長と呼ばれるのは嫌い。三朗さんと呼ばれたい」
という社長のことを、確かにスタッフはそう呼
んでいた。

　さらに周囲との連携も強化。地域との関係性
はすでに強固なものであり様々な役割を担って
いたが、個々の繋がりを築いていった。横浜青
年会議所（JC）に加入し、地域貢献活動や情
報交換をしながら、気が合い信用できる仲間を
徳永ビルに集めていく。
「弁護士、税理士、司法書士、不動産鑑定士な
ど、それぞれ専門家であり、一生の友人として
付き合える仲間が2階に入居し、事務所を構え
てくれています」
　士業をはじめとする異業種との繋がりでワン
ストップサービスを謳う企業は多いが、本来の
意味でなんでも相談できるパートナーたちが同
じビル内で、それぞれに仕事をしているという
関係は珍しいだろう。年に2回ほど開催するパー
ティでは、スタッフやパートナーの家族や子
どもたちが賑やかに交流する。普段でも、事務
所を訪れる家族をよく見かけるという。
「祖父は人が好きな、面倒見のいい人でした。
これからも地域と協力して、人の交流や暮らし
に寄り添う再開発を進めていきたい。そのため
に、徳永ビルをみなとみらい線のコンコースと
繋げ、この地の利便性や魅力をさらに高めるよ
うな場としていきたいと考えています」

　徳永グループは令和5年に創業100周年を迎
えた。さらにその先の100年を見据えて——別
棟の屋上から見える元町・中華街駅を眺めなが
ら、三朗さんは未来の構想を話してくれた。

1.奥に別棟の階段部分がのぞく。大通りに面する不思議な中庭空間に、通行人がなんとなく足を踏み入れることも 2.別棟の出入り口には、シンプルなカラーリングとタイポグラフィに味があるサイン 3.階段脇の狛犬が、唐突ながらなぜかマッチしている

INFORMATION 徳永ビル
中区山下町82 ☎045-681-5031
営業時間：9：30〜17：30 定休日：水・日・祝・祭

6.左側の通りを挟んですぐ、山下公園が見える本館廊下からの景色　**7**.別棟は通りに面した建物が4階、奥側が2階。増築によって立体的な構造になっている

4.中庭の奥(突き当たり)に建つ平屋ビルには、レンタサイクルショップが入る。平屋の屋上デッキ横にある階段から別棟の屋上庭園に上がれる　**5**.一族の子どもたちが親しみを込めて「お仕置き部屋」と呼んでいた本館半地下の小部屋。今は物置になっている

写真：中井邦夫

「何かが違う」賃貸住宅

新徳永ビル
<small>しんとくなが</small>

屋上から中華街の街並みが見渡せる立地に建つ、築55年ほどの賃貸住宅。そう言えば他にも同じような建物はいくらでもありそうだが、さすが前項で紹介した徳永ビルの所有・管理（＊1）物件だけに、外観からしてなんとなく、そして足を踏み入れると確実に「何かが違う」感が漂う。設計は、徳永グループ創業者の長男で設計士の徳永惠治氏。
<small>けいじ</small>

徳永リアルエステートの代表取締役、徳永三朗さんによると「映画やドラマの撮影に使わせてほしいという依頼も多いけれど、このビルは一般の居住者さんたちの生活の場だから、なかなか難しくて」とのこと。建築を学ぶ学生や研究者をはじめ「写真を撮らせてほしい」「内部を見学したい」という声も多く、基本的には住民に迷惑をかけない範囲なら「ご自由にどうぞ」というスタンスだ。

道路に面したビル入口の間口は狭く、用事のない部外者が足を踏み入れるにはハードルが高いかもしれない。静かに内部を見学させてもらおう。

時を経た建物の味わいを感じさせながらも、清潔で「管理が行き届いている」という入居者の声が多いことに納得させられる。ビルの入口からは意外なほど、共用部の空間には余裕があり整然としていて、各戸のドア前に醸し出される生活感とのギャップを感じる。

時代を感じるとか、懐かしいというよりも、独特の時間が止まっているように感じるこのビルに、賃貸の予約待ちが途切れないのがわかるような気がする。

INFORMATION

———

新徳永ビル
中区山下町220-3　☎045-681-5031

左／道路に面した外観はベランダがないためか、オフィスビルのよう　右／ビルの規模からすると小さく狭い開口部。しかも、吹き抜けの共用部に繋がる廊下は外光があまり入らず暗め

築年数を感じさせない清々しさ
と、長い階段で貫かれた独特な
空間が、住民はもちろん建築好
きな人々の心をつかむ

*1：徳永グループでは、創業者とともに会社を経営してきた息子・娘の時代（2代目時代）、竣工した賃貸ビルを貸し出す
　　前に、自分たちが一度住んで住み心地を確かめ、住人としての視点で管理体制を整えることが多かった

新徳永ビルの屋上から見る景色。
手前にある横浜関帝廟（153頁）
から中華街へと続き、西側は横
浜スタジアムや住宅街がある

INTERVIEW （03）

ディープな酔客のメッカ

野毛都橋商店街ビル
（のげみやこばし）

👓 社交場

2階には各店舗の入口が並ぶた
め看板が煌々と照る。看板が道
路側にある1階は、窓から微か
に光が漏れる

DATA

開業	昭和39(1964)年
竣工	昭和39(1964)年
設計	創和建築設計事務所
構造	軽量鉄骨造

ILLUSTRATION 図解

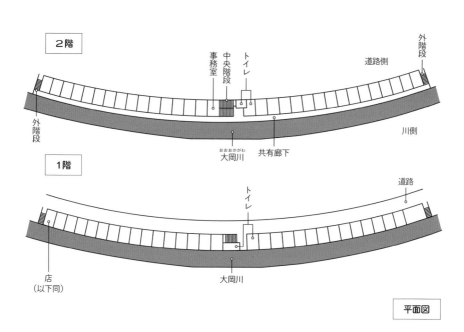

2階

外階段
道路側
事務室
中央階段
トイレ
川側
外階段
大岡川(おおおおかがわ)
共有廊下

1階

トイレ
道路
店(以下同)
大岡川

平面図

HISTORY 歴史

昭和39年(1964)
11月21日、落成式が開催される

平成26年(2014)
当時、所有者だった横浜市建築助成公社の解散が決定し、取り壊しの話が持ち上がる

平成29年(2017)
耐震・改修工事を実施。公益社団法人横浜歴史資産調査会が取得する

昭和38年(1963)
周辺で営業していた露店が、集合ビルへの入居を合意。基本設計が完成する

昭和63年(1988)
現在の所有者の前身である横浜市歴史的資産調査会が発足

平成28年(2016)
横浜市で初めて、戦後建築物として登録歴史的造物に指定される

STRUCTURE 構成

モダンな装飾の階段

細部にさりげなく施されたモダンな意匠の中でも、階段の手すりを覆う部分の装飾は目を引く。以前はアイボリーに塗られていたが、平成29年の改修工事の際に現在の色になり、さらに目立つようになったという。

昔のままの窓枠

店舗ごとの補修で新しくなっていくことが多い開口部だが、建築当時の意匠が残っている店舗もあり、並ぶドアや窓を見ると楽しい。スチールサッシの窓枠や、ガラスのはめ込み方のデザインもレトロ感を醸し出している。

踊り場を設けた中央階段

階段は、建物の両端と中央の3か所にある。外階段である両端に対し、中央の階段は建物内に取り込まれ、踊り場を設けた余裕のあるスペース取りが酔客にも優しい。手すりや床、踏み板のカラーリングもモダンな印象。

真ん中がくぼんだ形状

かつて船着場だった頃は、川に沿った面の中央部分に船の荷物や人を乗せ降ろしするスペースが設けられていた。その部分は床が川面に近くなるよう下がり気味だが屋根の高さは一定なので、中央付近の店舗は天井高が大きい。

MEMO

露店収容型の商業ビル

戦後、露店が集まって営業を始め、道路や公共の土地を不法占拠する場所が各地にあった。市や地元の商店街から撤去の動きが起きると、ビルを建て露店商に貸し出すことで、戸外で個々に営業する露店をなくすという解決策が取られることがあった。東京・有楽町の交通会館ビルや新橋駅前ビル、上野広小路商業協同組合（解体）も同タイプのビルだ。

1階と2階で建物の表情が異なるが、昼と夜、平日と休日でもまったく違う。平日の昼間は落ち着き払った町並み

古き雑多な横浜の息遣いを伝える

平日は常連客が三々五々に集い、週末には東京、千葉や埼玉からも多くの人が訪れる。野毛と言えば呑兵衛の街として知られるが、中でもここ、野毛都橋商店街ビルはディープな酔客のメッカとして名高い。

「昔は近寄るのが怖いような場所だったらしいけど、今は若い女性も多くなりました」と語るのは、ビルの所有者である内閣府認定の公益社団法人横浜歴史資産調査会（ヨコハマヘリテイジ）（＊1）の米山淳一さん。

終戦後、各地に自然発生的に設けられた闇市。中でも直後から多くの土地や建物を米軍に接収された横浜では、商いの場所を失った人々や、国内外の人が多く行き交う横浜という地にチャンスを求めて流れ着いた人々による闇市が拡大

していった。その中心地として「野毛に来ればなんでもそろう」と謳われた言葉の中には、「大きな声では言えないものもそろう」というニュアンスも含まれていたらしい。

昭和39年に東京オリンピックが開催されることになり、横浜文化体育館がバレーボールの予選会場に決定した。闇市と呼ばれる露店の集合体の存在は、日本経済の回復を国際社会にアピールしたい日本にとって好ましくない。そこで露天商を正式な店舗として収容するためにビルが作られた。

期限の迫った話だったこともあり、選ばれたのは市がコントロールできる土地である大岡川河川敷。横浜市建築助成公社が、横浜市から委託事業として建築にあたり、元露店商たちで構成される横浜野毛商業協同組合に賃貸する形に

決定した。

それから約半世紀。市からの委託で所有者扱いだった公社が解散することになり、老朽化が問題になっていた商店街ビルは取り壊しも検討された。だが人々の生活の中にある、このランドマーク的な存在のビルが壊されることに異議を唱える声も多かった。

「歴史的建造物の多い横浜ですが、昭和30年代、40年代の建物というのは意外と残っていない。けれど50年を超えれば、それはすでに街の歴史を見続けてきたと言えるはず」と米山さん。

そうして、保存のためヨコハマヘリテイジが商店街ビルを横浜市建築助成公社から取得し、戦後建築物として横浜市で初めて登録歴史的建造物に指定された。

大岡川に沿ってゆるやかなカーブを描くビルを対岸から眺めながら、米山さんは言う。

「なんとも言えない味があるでしょう。川からの眺めも道からの眺めも、それぞれ良い。時間帯にもよっても表情を変える、こんなビルはなかなか他にない。設計者は心が豊かだったのと同時に、この町のことをよく理解してくれていたのだろうと思います。いつまでも野毛の象徴と言えるビルです」

ヨコハマヘリテイジの米山さんと、前・横浜野毛商業協同組合理事長である「わかば」の女将

その言葉通り、特に川に面した側と道路側からの印象はまったく違う。川側からは中心が大きく張り出したカーブ、道路側からは当然、中心がへこんだカーブを描く。さらに、川側は2階に店の看板と入口のドアが並ぶ。1階部分は窓が並び、夜になれば店内の灯りが漏れる。道路側は1階が看板とドアで、2階部分には開口部はなく看板だけが並ぶ。1階の店には道から直接入り、2階の店には階段を上がった川側の共用廊下から入店するのだ。

この特徴的な造りの理由について、米山さんは「ギリギリの敷地面積を、いかに無駄なく使うかを考えた結果でしょう」と言う。「1階と2階ともに、すべて道路側に入口を設ける案もあ

夕暮れとともに看板が照らされ始める。平日は常連客を中心に19時頃から、週末は遠方からの来訪も多く18時くらいから賑わう

都橋商店街

ポストが設置されているビル中央部の階段。ここから2階に上がると、共同トイレと組合の管理事務室がある

ったそうですが、そうすると2階は共用廊下のぶん、ドアを後ろに下げなければならない。それを川の上に張り出す形にして解決した、ここにセンスを感じます」

開業からまもなく60年。全体的な耐震、改修工事の他にも、店が変わると看板と同時にドアなどの意匠も直したりする。内装もある程度、入居者の好き好きにやっているそう。

「我々は所有者とはいえ、ビルを引き継いだ、ある意味新参者。ビルの開業以来続く協同組合と力を合わせ、良い関係で都橋商店街を一緒に盛り立てたいと思っています」

店舗数は約60軒。桜木町駅から10分ほど歩くとはいえ、呑兵衛に知られ、歴史や建築好きの散策スポットとしても注目されるようになったビルには入居希望者が列を成す。現在も50軒

以上の空き待ちがあるという。コロナ禍もあり、店の入れ替えは少なくないというが、それでも狭き門なのは間違いない。

開業当時、1階は靴屋や時計屋、電気屋、衣料品店、旅行会社といった店が営業していた。まさに商店街だったわけだ。小さな店や会社がどんどん閉店していき、現在営業しているのは1店舗をのぞき飲食店になった。

「ひとつ、がんばっているのは1階の端の電気屋さん。商店街の店の電気や、共用部分の電気に関する面倒も見ているから辞められたらみんな困るでしょう」と話してくれる米山さんに、お気に入りの店を聞いてみた。

「私の立場でどこが良いと名指しはできませんよ」と笑いながら、「とにかくバラエティ豊かになりました。もともとは一杯飲み屋やスナックのような店が多かったけれど、今ではワイン

都橋より見る商店街ビル。河川と一体化した弧状の建物は他に例があまりなく、特徴的な景観を形成している

バーやクラフトビール、中華街からここに移ってきた中華料理の店も。このビルの中だけで、好みや気分に合う店を選んでハシゴできる。毎日のように通う常連さんは、だいたい決まった順序でハシゴ酒をしたり、いくつかあるマイルートを、その時々の気分で選んだりするのでしょう」

どの店も約3坪、6畳程度のスペースで、5〜8人のカウンター席というスタイルがほとんど。ドアを開けなければ店内が見えないため、一見客にとってはドアをあけるのに勇気がいる店も少なくない。実際に「会員制」と書かれた店や、そうでなくても「一見客は来なくていい」という店もある。けれど、多くの店は普通の飲食店として客を歓迎してくれるし、ドア前にフレンドリーな貼り紙のある店も。そして「あの店で紹介された」と言えば、難しそうな店の敷居もクリアできるという。

ついつい、米山さんの話に引き込まれるうちに陽が落ちてきた。代わってぽつぽつと灯り出す営業中の看板。改めて川の側から見てみると、1階の窓からは、なんとなくではあるけれど店内の様子が漏れ伝わってくる。

川に寄り添い、人を呼び込む商店街。この風景を失いたくない——そんな野毛の人々、商店街ファンの人々の想いが理解できる気がした。

*1：もとは昭和63年に発足した民間団体「横浜市歴史的資産調査会」。歴史的建造物などの保全活用を推進するために設立され、平成25年に内閣府認定の公益社団法人になる。市の都市整備局都市デザイン室内の委員会から派生しており、市と連携する形で活動。歴史的資産の調査研究やセミナー、見学会などの普及活動を中心に、歴史的資産の保存、取得、管理など直接的な保存活動にも実績がある。シルクや鉄道で繋がった町や団体とのネットワーク事業も推進

野毛都橋商店街ビルの建設を担当したのは、創和建築設計事務所の吉原慎一郎氏。横浜スタジアムや横浜市営地下鉄なども担当し、戦後横浜の街の形成に重要な役割を果たした

INFORMATION

野毛都橋商店街ビル
中区宮川町1
☎・営業時間・定休日：店舗により異なる

酒井時計店

都橋飲食店街
有難うございました

1 2.こだわりのチーズや生ハムなど、各国から仕入れるつまみに合わせてワインをセレクトしてもらえるワインバーも　**3**.川面に張り出す形の2階共用廊下。思い思いの改修を経たドアが並ぶ様子もユニーク　**4**.かつて1階には、靴屋や時計屋、旅行会社などの商店が並んでいた。現在入居している飲食店の上には、以前の店の名前が残されたまま　**5**.階段を降りる時、目に入る整った文字。「足元に気をつけて」と言っているかのよう　**6**.川と街並みを見事に調和させる建物は、設計当時、入居予定の露天商たちも話し合いに加わり計画を立てていったという

中華街を照らし続ける老舗バー

ケーブルカー

　日本大通り駅から徒歩5分、横浜中華街の北門通りにある。初代オーナーは、戦時に厚木基地へ配属され、日本の地を踏んだアメリカ出身のジミー・ストックウェル氏（＊1）。ベトナム戦争から戻って除隊後、慣れ親しんだ中華街にウインドジャマー（154頁）を開店した。

　やがて店が賑わいを見せ、「ゆっくりくつろげる場所を他につくりたい」と昭和58年にケーブルカーをオープン（＊2）。サンフランシスコのケーブルカーをイメージした内装で、船乗りにつくってもらったという18メートルの木彫りカウンターは、ケーブルカーの車両1両分にあたる。

　「ジミーさんが日本の大工たちをサンフランシスコに連れて行って、実際のケーブルカーを見せ、現地の空気や街の雰囲気を感じてもらったという気合いの入れようでした」

　現在のオーナー・吉田裕一さんは、学生時代からここで働き、ジミー氏から店を引き継いだのは平成23年。開店当時から外装も内装も一切変えていない。「それが、ジミーさんから引き継ぐ時の約束でした」と吉田さん。

　34脚ある椅子の皮は張り替えずメンテナンスを繰り返し、アメリカで仕入れたという照明も現役で使用。「1890年代の大人が楽しめる社交場」というコンセプトも、ブレずに受け継いでいる。

そんな中、令和6年1月に姉妹店のウインドジャマーが閉店した。吉田さんは肩を落としながらも今後を見据えて話す。

「お金儲けだけを考えれば別のところでやればいい。この店は、それ以上に担っているものがたくさんあります」

バー文化発祥の地にある店として、ジミー氏の思いを継ぐためにも、店とともに在る覚悟はできている。

INFORMATION
———

ケーブルカー
中区山下町200 ☎：045-662-5303
営業時間：平日17：00～24：00、土16：00～
定休日：日（月が祝の場合は日16：00～24：00、翌月は休み）

左上／酒が並ぶ棚は、ケーブルカーを横から見た形をイメージしている　左中央／横浜らしい人気カクテル「ブルークリスタル」　左下／ヴィクトリア様式の家をイメージした奥のボックス席　右／入口横のデザインから中のカウンターまで、ケーブルカーが続いているように見せている

＊1：ニューヨークでパブを営む父親のもと、学生時代からバーの経営に関わる。米軍除隊後は、本牧の有名バー「リキシャルーム」（平成18年に閉店）のオーナーだったハリー・コルベット氏の弟子となり、同じく本牧にある「IG（イタリアン・ガーデン）」のマネージャーを務める。その後、ウインドジャマーやケーブルカーを開店した
＊2：ウインドジャマーは居抜きの建物を引き継いだ店だが、ケーブルカーはビルを建て、更地の状態からつくり上げた。そのぶん内装や調品品など、ジミー氏のこだわりも強いという

DATA

開業	昭和29(1954)年
竣工	昭和29(1954)年
設計	不明
構造	木造トタン葺き

「スターダスト」がメイン営業で、隣接する「ポールスター」はパーティなど貸し切り用のみの営業となる

INTERVIEW

場末のアメリカンなバー

スターダスト／ポールスター

 酒場

ILLUSTRATION 図解

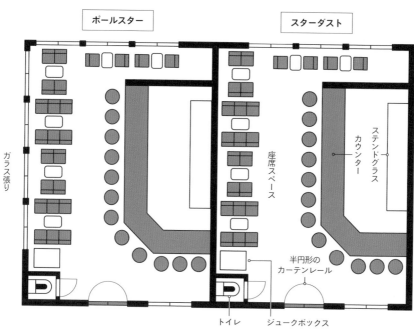

ポールスター

スターダスト

ガラス張り

座席スペース

ステンドグラス

カウンター

半円形の
カーテンレール

トイレ　ジュークボックス

⟵ 高島線瑞穂大橋
　（その先に横浜ノース・ドック）

平面図

HISTORY 歴史

昭和30年
（1955）
ベトナム戦争勃発。米
軍の動きが活発化し店
舗も賑わう

昭和61年
（1986）
テレビドラマ『あぶない
刑事』のロケに使用され、
再び脚光を浴びる

令和3年
（2021）
横浜ノース・ドックの
約1400平方メートル
が返還される

昭和29年
（1954）
横浜ノース・ドック近
くの現在地に出店

昭和50年
（1975）
ベトナム戦争終結。客
が激減し3店舗のうち
1店舗を売却

平成21年
（2009）
横浜ノース・ドックを
結ぶ瑞穂橋など周辺道
路が返還される

港の夜を彩るネオンサイン

「街の灯りがとてもきれいねヨコハマ」と歌っていた頃の横浜はこういうネオンサインが多く灯り、港町の夜を彩っていた。LEDの普及により、絶滅危惧種となりつつある令和時代に見るネオン管はひと際異彩を放つ。

ウェスタンブーツで歩きたい板張りの床

桜の木で釘ひとつ使わずに仕上げた板張りの床は開業以来抜けたことが一度もないという。歩くたびにミシミシと心地良い音を奏でる。店主の林さんいわく「昔、若いヤツがここでよく踊ってたけど、良い音立ててたよ」。

海風に耐える横板の壁

開業以来約70年間、大きな改装工事をしてこなかった要因のひとつが横板の壁。縦板よりも耐久性が高いという。「この横板が台風とか今までの海風から守ってくれたの。これがこの店の特徴よ」と林さん。

イタリア製のランプ

開業当時の設計者が取り入れたというイタリア製のランプ。バーらしい絶妙な光量を放つが、ビンテージならではの悩みも。「壊れたら修理にウン十万かかるから、俺(林さん)以外は触らせないようにしてる」とのこと。

MEMO

日本のバー文化発祥の地

日本で最初にバーができたのが山下町だと言われている。主に外国人の船員向けであり、アメリカやギリシャ、ドイツ、ノルウェーなどの各国のバーが横浜に多く生まれ、現在でもその流れを汲むバーは山下町や中華街などに点在する。エキゾチックな横浜のバー文化の中で、スターダストの名物となっているカクテル「ヨコハマ」は誕生したのだ。

スターダスト店内。ゆったりとした空間づくり、カウンターの椅子もやや高めでアメリカ人仕様になっている

できるだけ変えない、できるだけ残す

横浜市神奈川区千若町。横浜の人でもその地名を聞いてピンとくる人は多くはないのではないか。最寄り駅はJR東神奈川駅か京浜急行の京急東神奈川駅で、横浜港方面へ歩いて10分以上かかる場所だ。

ピンとこないのも当然である。千若町は人口わずか20人（＊1）と、住宅街と言うにはほど遠く、工場や倉庫などの事業所が町の大半を占めている。

そして千若町と瑞穂大橋で繋がる瑞穂町は、大正時代より外国貿易埠頭として使用されてきた。終戦後は接収され、アメリカ海軍の港湾施設「横浜ノース・ドック（通称・ノースピア）」として現在も米軍が使用し、瑞穂埠頭の外周の港湾道路以外は基本的に日本人が立ち入ることはできない。

「昔はこのあたりにアメリカ人向けのバーが7軒ほどあったんだ。アメリカのドルを所持・使用できなかった時代にうちの親父がその7軒の連名を集めてドルをチェンジできるように銀行に交渉して、商売ができるようになったんだよ」

そう語るのは、スターダストとポールスターの2代目オーナーである林 彰男さん。ドル札が使えるキャッシュオンデリバリーのスタイルのスターダストをはじめとした3軒のバーは昭和29年に、父・寛さんが外国人相手に営業することが目的で開業した。

ノースピアと結ぶ瑞穂大橋のたもとに煌々と輝く「Bar Star Dust」と「BAR POLESTAR」のネオンは開業当時からのもの。

「デザインは開業時からそのままで、実際は2代目か3代目になってるかと思う。ネオン管は

左／店から望む倉庫群は港町ならではの風景　右／バー中央に立つ柱は、開業時から変わらずにある。店の周辺は再開発により景色も雰囲気も変わったが、店内は何も変わらず時間が止まっているかのように感じる

職人に頼めばいくらでも交換できるけど、トランス（変圧器）がだんだん手に入らなくなってきているんだ」

　入口にある半円形のカーテンレールは、カモフラージュのためのものであった。

「昔の風営法でバーの営業が午前0時までという規制があって、0時以降はカーテンを閉めて営業していないふりをしていたんだよ。もう何十年も前だから時効だけどね」

　現在はスターダストのみ通常営業で、隣接するポールスターはパーティなどの貸し切り営業や各種撮影用に使用されている。ポールスターはスターダストと基本的な内装に大きな違いはないが、ポールスターは海に面した角部屋であることがポイントだ。

「港の景色が良いでしょ。夜景は特に雰囲気が良い。昔、『あぶない刑事』のロケに使われた時にスタッフがカーテンを置いていったんだけど、それを今でもそのまま使ってる」

　この店の設計者は不明。創業者の寛さんも誰が設計者だったのか忘れてしまったと彰男さんは言う。日本人であることは間違いないそうだ。

「どんなアメリカ人や船乗りが来ても『いいバーだ』と言ってくれる。ニューヨークの場末にあるバーみたいだと。大柄なアメリカ人が座っても楽にできるような椅子だし広く設計してあるから、設計者もきっと当時のアメリカのバーへ行ったことがある人なんじゃないかと思うね」

　そんな設計者が残してくれたものをいくつか挙げていこう。まずは床。桜の木を使用したもので、釘を一切使わず仕上げた板張り。歩くと若干のしなりを足元に感じながらミシミシと味わいのあるサウンドを奏でる。それは、まるで西部劇などの映画に出てくる酒場のワンシーンさながらだ。

「70年やってきて一度も抜けたり修理すること

入口付近の足元には、昭和なモザイクタイルが敷き詰められている

＊1：令和2年国勢調査による

カウンターはラワンの一枚
板を使用。70年の歴史で自
然なツヤ感が出ている

もない丈夫な床だよ。昔はアメリカ人がジュークボックスの音楽に合わせてかっこよく踊っていたよ」

バーのカウンターはラワンの一枚板。長い年月でツヤと味わいを醸し出している。

「ラワンは合板であることが多くて、表面だけラワンというパターンも多いんだけど、うちのは最初から最後までラワンなんだよ。貴重なものだし店の自慢でもあるんだ」

そして彰男さんは、70年間大きな改修もせずに現存できたポイントとして横板の壁を挙げている。

「横板は縦板よりも海風に強いらしいんだ。ここは台風なんか来たらいつも大変なんだけど、この横板のおかげで大きな被害も受けずに70年も営業できたんだよ」

店内を灯すオレンジ色のランプも設計者が選んだものだ。

「イタリア製で交換部品の調達が困難で、修理に60万円くらいかかるんだよ。俺以外は絶対に触らせないようにしてるんだ。撮影とかがある時は特に目を光らせて監視してる」

それでもできるだけ開業当時からの雰囲気を維持し続けるのには、設計者が残したものに感心させられることが多いという以外にも、彰男さんにとっても多くの思いが込められている。

開業からまもなく、ベトナム戦争が勃発する。約20年にわたった戦争でノースピアも慌ただしい動きを続け、スターダストに来る客は途絶えなかったが、昭和50年に戦争が終結するとノースピアの動きが落ち着き、客が激減。苦境にあえいだ林さん一家は3軒のバーのうち1軒を売りに出す。

背景には海が広がり、開業当時
はなかったランドマークタワー
や再開発が進む横浜コットンハ
ーバー地区のタワーマンション
群などが見える

　だがこの古き良き雰囲気を求め、テレビドラ
マの撮影などで相次いで使用されるようになる
と店は再び脚光を浴び、日本人の客も増えた。
今や横浜の名所のひとつになったと言っても過
言ではない。
　「やっぱり何十年も続けていると常連のお客さ
んの子どもや孫の世代が来るようになったり、
アメリカに帰った人が何十年ぶりに来て喜んで
くれたり。そういうお客さんの顔を見るたびに、
この雰囲気はできるだけ変えないようにしよう
と思うんだ」

　できるだけ変えない。できるだけ残していく。
そうして21世紀に入っても飲酒運転取り締まり
強化やコロナ禍など、酒場に対する風当たりの
強い出来事を乗り越えてきた。
　「ノースピアは元来キャンプ座間への補給基地

というのが大きな目的ではあるんだけど、ここ
十数年は極東エリアの防衛なんかで大きな監視
艦がいくつも停泊するようになってね。補給廠
から基地になっていくのが毎日見ているからよ
くわかる。これから先も戦々恐々だよ」
　82歳となった彰男さんは、目の前の監視艦を
眺めながら、複雑な心境をのぞかせた。

気さくに語る2代目店主の彰男さん

1

2

3

4

1.2.平成30年に代替わりしたというジュークボックスはSEE
BURG社製。洋楽の名曲や横浜ならではのラインナップが並ぶ
3.スターダストの名物カクテル「ヨコハマ」。口当たりは良い
がアルコール度数が高いため、うっかり飲み過ぎると横浜の裏
風景が見られるかもしれない　**4**.裸婦画のステンドグラスも
開業当時の設計者によるしわざだと言う

5

6

5.海に面するポールスターは一面ガラス張り。ここから望む横浜港は絶景である　**6**.その昔、カモフラージュに使用された半円形のカーテンレール。天井は本来、白いというが、長年のタバコのヤニで変色しツヤ感を出している　**7**.ノースピアに続く道。令和6年、ノースピアに小型揚陸艇部隊が新たに配備されることが決まった

7

INFORMATION

スターダスト／ポールスター
神奈川区千若町2-1　☎045-441-1017
営業時間：17:00〜25:00　定休日：不定休

スターダストから見える横浜港。
その正面玄関とも言える場所に
ノースピアがある

横浜の古き良き市民酒場を訪ねる

諸星酒場
もろほし

　工場のある町には労働者を相手にした気さくな飲食店が多いもので、京浜工業地帯の工場群を望む新子安駅前「諸星酒場」もそのひとつだ。

　店舗正面の黄金色の文字看板「諸星」、「市民酒蔵　諸星」と記された大判の暖簾が迎えてくれる。引き戸を開けると、奥行のある店内は全体が飴色で、入口から厨房まで10メートルほどもあるカウンターテーブルがこの酒場のアイコンになっている。壁一面には「酒蔵」さながら、店主厳選の酒の瓶がひしめく。

　「創業は昭和初期、初代が酒屋さんで奉公したあと、現在の場所で独立開業しました。当時は立ち飲みスタイルでお酒を提供していたと聞いています。今の店舗は東京オリンピックのあった昭和39年に建てられたものです」と、3代目の諸星道治さん。
みちはる

　横浜市には昭和13年に結成された「横浜市民酒場組合」（以下「市民酒場組合」）という飲食店組合がある。戦中は配給のための酒場として役割を果たすなど、激動の時代、市民にひとときの安らぎをもたらした歴史を持つ。市民酒蔵を謳う諸星酒場もまた市民酒場組合所属店のひとつであった。

　昭和20年5月29日、横浜大空襲で店舗は焼失、戦後復興を経て、現在の店舗は3代目

にあたるという。高度経済成長期は三交代制の労働者たちがひっきりなしに訪れ昼夜問わず賑わった。

コロナ禍を経て厨房の人員体制が変わり、提供メニューは変更を余儀なくされたと諸星さんは語るが、外に暖簾を出した途端、カウンター席はあっという間に埋まっていく。昭和39年当時は光を反射するほどピカピカだったカウンターテーブルは、約60年分の酒と労働者たちの汗と涙が染み込み、味わいを増している。そこに運ばれてきた昔ながらのもつ煮をつまみながら、焼酎梅シロップ割り（通称「梅割り」）を口に含むと、一日の疲れがゆっくりとほどけていく。

建物の趣き、たたずまいは美しく、時代を経ても曇ることはない。「古き良きもの」を残したいという店主の思いが随所に滲む。

呑兵衛たちは酒も然ることながら、諸星酒場が醸し出す情緒と店主の心意気に酔いしれたくてこの店の大きな暖簾をくぐるのである。

INFORMATION
———

諸星酒場
神奈川区子安通3-289
☎045-441-0840
営業時間：16：30〜22：00
定休日：土・日・祝

写真：右上・右下／諸星酒場提供

左／現在の店舗外観。渋みを増す文字看板と大判の暖簾が目印
右上／昭和39年、新築の店舗と先代　右下／昭和39年、カウンターテーブルが新品だった頃

INTERVIEW （05）

100周年を迎える震災復興のシンボル

ホテルニューグランド

宿

手前が本館、奥がタワー館。本書で取り上げている本館はシックな色合いの石造りの外観で、レストランの赤いテントが色を添えている。目の前は山下公園が広がり、四季折々で変化する銀杏並木の表情も味わい深い

山下公園東口
Yamashita Park-E.

HOTEL NEW GRAND

DATA

開業	昭和2（1927）年
竣工	昭和2（1927）年
設計	渡辺仁
構造	鉄骨鉄筋コンクリート造

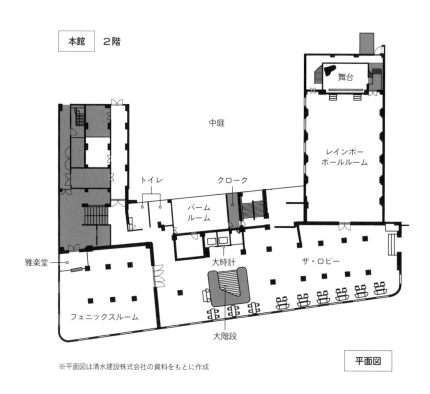

本館 2階

中庭

舞台

レインボー
ボールルーム

トイレ　クローク

パーム
ルーム

雅楽堂

大時計

ザ・ロビー

フェニックスルーム

大階段

平面図

※平面図は清水建設株式会社の資料をもとに作成

HISTORY | 歴史

昭和20年 (1945)
終戦を受け進駐軍により接収。内部にペンキ塗りなど細かな手が加えられる

平成3年 (1991)
ニューグランドタワー（現在のタワー館）がオープン

平成9年 (1997)
タワー館オープン時、プールだった18階をスカイチャペルに改装

平成26、28年 (2014、2016)
本館に耐震工事を施す

昭和2年12月 (1927)
関東大震災から4年後、復興のシンボルとして開業する

昭和27年 (1952)
接収解除。翌年、本館5階にレストラン「ルーフガーデン」がつくられる

平成4年 (1992)
横浜市認定歴史的建造物となる

平成19年 (2007)
経済産業省が選ぶ近代化産業遺産に認定

横浜市民の誇りを刻むメダリオン

優美な曲線を描くホテルの角部にあるのは、開業年「AD1927」を記したメダリオン。その上はマッカーサーが滞在した部屋だ。シックなグレーの壁面、レトロモダンを感じさせる街灯もホテルの格式を際立たせる。

訪れる者を歓迎する天女の舞

玄関を入って見上げると、その上部には仏教的なデザインを感じさせる大時計と京都西陣の川島織物作であるタペストリー「天女奏楽之図」。長い船旅を経て日本の地を踏んだ人々を一瞬にして和の情緒に包んだことだろう。

マホガニーの格天井

角材を格子に組んだ格天井は、寺院などで格式の高い部屋に用いられるもの。マホガニーも高級家具や高級楽器に使われる木材として知られる。遠近感を出すためか、格子が正方形ではなく、やや変形の長方形が特徴的。

旧メインダイニングに残る雅楽堂

現在は宴会場として使われているフェニックスルーム。かつてはメインダイニングとして賑わったこの部屋の奥に、現在も立派な雅楽堂が鎮座する。優雅に食事を楽しむ人々が見上げ、耳を傾ける舞台だった。

MEMO

あの人気メニューはここから

プリン・ア・ラ・モードにシーフードドリアという、ザ・洋食のイメージがあるデザートや料理。これらはホテルニューグランドのレストランで生み出され、広まったもの。コース料理以外のアラカルトもそう。初代総料理長サリー・ワイル氏と、彼の精神を受け継いだ歴代のシェフたちが、日本に洋食を根づかせ、日本人の食文化を変える一端となった。

ニューグランドブルーの絨毯と、貴重なタイルが出迎える大階段はホテルの顔。設計者の渡辺 仁氏は「船旅を終えてほっとすると同時に、ハッとした驚きを与えたかった」と話したとか

横浜市民みなさまのものだから、変えない

ペリー来航により日本と海外を結ぶ窓口となった横浜には、明治から多くのホテルが営業していた。そのすべてが瓦礫となったのは、大正12年9月1日のこと。関東を襲った大震災により、横浜もまた壊滅的な被害を受けた。

外国人たちはテント・ホテルと呼ばれる仮設の宿泊所で寝泊まりしながら一刻も早いホテルの建設を望む。もちろん国や地域にとっても、国際都市横浜の復興は急務だった。

当時の横浜市長だった有吉 忠一氏は、市議会、商工会、地元財界や一般市民にまで広く呼びかけ、121万5000円という建築費用を集めた。街をよみがえらせるために官民政財界が一体となり、震災から4年後にホテルニューグランドを完成させた。

昭和44年から半世紀以上、ホテルニューグランドの設備管理を担う佐藤正夫さんは話す。

「だからこのホテルは、横浜市民みなさまのものでもあるのです。まもなく100年を迎えようとしている建物です。増改築は何度か経ていますが、実は改修するなら建て直したほうが経済的にも工事的にも効率がいいのです。でも、それはしてはいけない。街の復興の象徴として」

ホテル名の公募で「フェニックスホテル」が多く挙がったことからも、人々が復興の象徴として開業を待ち望んでいたことがわかる。

しかし結局、かつてこのエリアにあった「グランドホテル」から名前を引き継いだ。「グランドホテルはイギリス人が経営していた、当ホテルとは別経営のホテルです。フェニックスの

左／階段の上には和洋折衷なイメージの装飾が施された天井から、東洋風の灯籠が吊り下がる　右／ホテルニューグランドを知り尽くす佐藤さんと同じくらいホテル愛に満ちた横山さん。ふたりとも生粋のハマっ子で「横浜は外からの人を抵抗なく受け入れる町です」と口をそろえる

日本名『不死鳥』には縁起の良くない文字が入るために避け、かつての名声にあやかりホテルニューグランドとしたのでしょう。フェニックスはロゴとして残し、館内の随所にモチーフとして使われています」と話すのは、広報担当の横山ひとみさん。

　かつては回転扉だったという正面玄関から、佐藤さんと横山さんに館内を案内をしてもらう。長い船旅を経て来た外国人たちは、ホテルに足を踏み入れた途端、目の前の光景に息を呑んだことだろう。瀟洒な洋風の外観ですでに期待感はあったとしても、入っていきなり大階段という造りは想像できなかったはずだ。

写真：ホテルニューグランド提供

開業当時の大階段。絨毯はなく、床には亀甲のタイルが貼られている。今も絨毯の下は亀甲タイル

「マッカーサー氏は大戦前、ホテルニューグランドに宿泊されています。新婚旅行で奥様とご一緒でした。よほど印象深く思ってくださったからこそ、終戦後、厚木基地に降り立つなり『ホテルニューグランドへ』とおっしゃったのでしょう」と佐藤さん。

　当時も今も、訪れる人を惹きつけてやまない建物の設計を手掛けたのは渡辺仁氏。30代でこの大仕事をやり遂げ、その後、銀座和光、東京国立博物館、原美術館（旧原邸）など、名建築を数多く手掛けた建築家だ。

「西洋と東洋、両方の雰囲気が同じ空間に取り入れられているのに、それがごちゃついたり、アンバランスになったりせず、心地良く優雅な空間としてまとまっています。どうしてこんなことができるのか不思議なほどで、お客様もみなそうおっしゃいます」と話してくれる横山さんは、同ホテルでウェディングプランナーの経験も持つ。「花嫁様がドレスの裾を大階段に広げる姿は、それは美しくて何度見ても感動します」と目を輝かせる。

　大階段を上がると、天井の高いロビー空間が広がる。重厚で落ち着いた雰囲気の中、洋の材質や家具に、和の彫刻や吊り灯があしらわれて

かつてのメインダイニングである「フェニックスルーム」は、不定期でレストラン営業することがある

いる。かつてここにフロントがあったそうだが、フロント機能は移動しても、家具やしつらえはほぼそのままに保っているという。

「今では再現できない技術や建材が多く、メンテナンスには非常に気を使います。大階段のタイルは1枚1枚釉薬をかけて焼いたものですが、この品質のタイルを作る技術も、それで曲線を描いて組み上げていく職人技も、今では残っていないでしょう」

そうして細部にまで最高級の技術が惜しみなく施されながら、"復興のシンボル"の建設が進む。同時に、お客様を迎えホテルの営業を支えるスタッフにも、一流の人物が必要となる。

終戦時にマッカーサー氏を出迎え、もてなしながらも対等にわたり合って、横浜市民への支援物資を得た野村洋三会長や、海外を回ってスタッフを集めた土井慶吉常務取締役など、ある意味クセのある人物たちの知己が集結していく。

中でも初代総料理長としてフランスから招か

れたサリー・ワイル氏は、ホテルニューグランドの食の歴史を語る上で欠かせない。

「スイス出身のワイルさんは、柔軟な発想と、お客様や一緒に働く仲間たちへのホスピタリティに溢れた方でした。もちろんシェフとしても素晴らしい腕前の持ち主です」

のちに勲五等を授与されたワイル氏は、料理そのものだけでなく、日本の洋食文化、ホテル

メインダイニングとして賑わっていた頃。ここで多くのシェフが育ち日本に洋食文化を根づかせた

写真：ホテルニューグランド提供

ウェディングに人気のレインボーボールルーム。接収時には映画館になったり、ミラーボールを吊るしてダンスホールになったり。湾曲した天井の漆喰は当時の最高峰の技術が結集した作品で、同じものをつくるのは不可能とのこと

文化を現代風に育てる種をまいた人物と言えるだろう。正装を必要とせずコース仕立てでもない、気楽な食事、自由なアラカルトメニューを取り入れた。体調の悪いお客様のためにつくった、栄養たっぷりで優しい味わいのシーフードドリアは洋食の定番となった。また、衛生管理という概念をスタッフに教え、徹底させた。

そして今でも、すべてのスタッフがこのホテルで働くことに誇りと喜びを持っている。チャーリー・チャップリンやベーブ・ルースなど、超一流と言われるお客様が集うのはそのためだろう。だからこそ、さらにスタッフの意識も高まる。その他にも常連だった石原裕次郎や松田優作など、ホテルニューグランドを愛する人は挙げ切れない。

「作家の大佛次郎先生は、10年にわたって318号室で執筆を続けられました。たくさんの名作がここから巣立っていったのです。他にも、親子3代で結婚式を挙げてくださるお客様。毎年、記念日に同じお部屋を指定していらっしゃるお客様。ロビーの窓から海を眺めながら『昔、ここから氷川丸に乗ってシアトルに渡ったのよ』と懐かしむお客様。皆様それぞれ、思い出や愛着を持って訪れてくださいます」と横山さん。

歴史も建築もスタッフも自慢だけれど、何よりの自慢は、ホテルを支え続けてくれるお客様。そういうすべての人々の思いが、ホテルニューグランドを特別なホテルにしている。

写真：ホテルニューグランド提供

多くの要人がレインボーボールルームで非日常的なひとときを楽しんだ。パーティ中、優美な細部の造りにまで目を止めたお客様はいただろうか

1.本館2階ザ・ロビーの家具は開業時から使われているもの。外国人が日本へ移住する際に自国から船で運んできた家具を手入れするうち、西洋家具の手法や文化が横浜の職人に根づいていった　2.手すりに天使が彫り込まれたキングスチェア。撫でると幸せになるというジンクスがある　3.フェニックスルームにて不定期にオープンするレストラン。そこで使用される椅子は、戦前から使われていたもの

INFORMATION

ホテルニューグランド
中区山下町10　☎045-681-1841
営業時間：24時間　定休日：なし

4.大階段の両脇に、歓迎の象徴としてのオブジェ・フルーツバスケットを置くという発想がユニーク　5.フェニックスのロゴマーク。象徴でありながらデザイナーが不明というのも、かえってロマンを感じる　6.昔の外観写真はまるで外国の街並みのようで、現在との違いがおもしろい　7.アーチ型の窓が並び、海に面して銀杏並木に馴染む落ち着いた佇まい

写真：ホテルニューグランド提供

HOTEL NEW GRAND

ホテル発祥の地に建つ洋菓子店

横浜かをり 山下町本店
<ruby>山下町<rt>やましたちょう</rt></ruby>

　ビルの立ち並ぶ通りで1軒、蔦に覆われた建物が目を引く。戦後まもない昭和22年、横浜では接収されている建物も多い中、喫茶店としてオープンした「かをり」。横浜橋のたもとの2坪の店からスタートし、3回の移転を経て現在の建物に入った。

　レンガ造りの典雅な雰囲気を持つビルだが、かつてここにあったのは、オランダ人船長が「ヨコハマ・ホテル」として建設した木造建築だったという。ホテルがオープンした万延元年は横浜開港の翌年にあたる。欧米人で賑わいながら宿泊施設のなかった横浜に、日本初となる待望のホテル（＊1）が開業したのだ。

　慶応2年、ホテルは関内大火（＊2）で焼失した。跡地にかをりが移転するのは、100年以上を経た昭和45年のこと。当時は周囲に大きな建物はなく、かをりのビルがポツンとあるばかりで人通りも少なかったという。創業者・板倉タケさんの娘にあたる現社長の敬子さんは、洋菓子販売店やフランス料理店を
<ruby>敬<rt>けい</rt></ruby>
<ruby>子<rt>こ</rt></ruby>

営み、本社機能も持つことになったこの地に興味が湧き、歴史を追った。そしてここが日本のホテル発祥の地だと知る。それを記した銘板を置いたのは、歴史に彩られた横浜の町に、ひとつ大きな軌跡を残した場所で商売することの誇りと責任を感じたからだ。

　戦後すぐから喫茶店で人気となり、豪華客船の船乗りだった敬子さんの祖父の人脈による本格的な洋食も知られ「フランス料理の名店」とも呼ばれた。現在は、喫茶店は休業中で、ビルの規模からすると控えめに感じる販売スペースで営業している。ガラス戸の奥に並ぶレーズン・サンドや桜ゼリーなど、敬子さんが工夫を重ねて開発した人気の菓子を求めて客足が絶えない。

INFORMATION

————

横浜かをり 山下町本店
中区山下町70　☎045-681-4401
営業時間：10：00〜19：00、土・日・祝11：00〜
定休日：なし

左／懐かしさを感じさせる店内は、4〜5人でいっぱいになるコンパクトさ　右／ホテル発祥の地の銘板がショーウインドウ横に置かれている　右ページ／「かをりの森」と呼ばれている7階建てのビル。3階に屋上庭園があり、7階の屋上には神社がある。屋号の由来は国学者・本居宣長が詠んだ歌にあり、「日本のシンボルになりたい」という願いが込められている

写真：鈴本 悠

写真：かをり商事株式会社提供

＊１：諸説ある中で、現在ではヨコハマ・ホテルを日本初とする意見が多い
＊２：明治９年11月26日、開港７年目の関内の広範囲を焼き尽くした大火事

千鳥破風の矢切にある漢字は開業
時の「中乃湯」のまま。入口はそ
の後、改称して「仲乃湯」となっ
ているのがおもしろい

ハマの下町にあるレトロ銭湯

なかのゆ
仲乃湯

♨ 銭湯

DATA

開業	昭和24(1949)年
竣工	昭和24(1949)年
設計	不明
構造	木造・板金屋根

湯乃中

湯

仲乃湯

ILLUSTRATION 図解

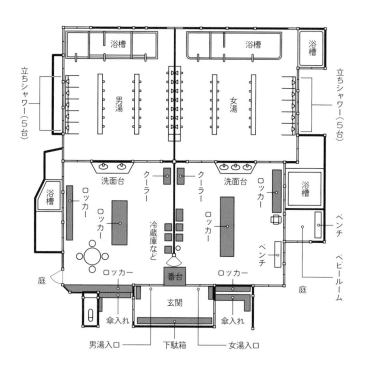

浴槽

浴槽

浴槽

立ちシャワー（5台）

男湯

女湯

立ちシャワー（5台）

洗面台

クーラー

クーラー

洗面台

ロッカー

浴槽

ロッカー

ロッカー

ロッカー

冷蔵庫など

ベンチ

ベンチ

ベビールーム

庭

ロッカー

番台

ロッカー

庭

傘入れ

玄関

傘入れ

男湯入口

下駄箱

女湯入口

HISTORY 歴史

昭和32年
（1957）
キャパシティ拡大による改築

平成12年
（2000）
2代目店主の高野輝夫さんが急逝し、善民さんが3代目となる

平成23年
（2011）
東日本大震災が発生。壁にヒビが入るなどの被害を受ける

昭和24年
（1949）
中乃湯（のちに仲乃湯となる）として開業

平成9年
（1997）
大規模改修。カランを50個から25個に減らし、立ちシャワー設置。露天風呂を造成

平成22年頃
（2010）
燃料が都市ガス化

下町のランドマーク・煙突

今や銭湯の場所はGoogleマップなどでほぼ迷いなく辿り着ける時代となったが、一昔前までは先に見える煙突を頼りに歩いたものだった。仲乃湯の煙突は金属製で錆びもなく、なんとなく横浜マリンタワーにも似ている。

国宝級（?）の番台仕切り板

番台の両サイドを仕切る板には見事な彫刻が施されている。聞けば人間国宝級の彫刻家によるものだというが、その国宝級の人物が誰なのかは不明。ツヤもしっかり保たれており、長い年月を経ても綺麗な状態のまま。

貴重な国内産モールガラス

仲乃湯ではプライバシーに配慮し、様々なタイプのガラスが使用されているが、注目すべきは開業時からある浴室内のモールガラス。昭和期に国内で製造されたもので、現在、国内産は廃版となっているため貴重だ。

脱衣所の折上格天井

数少なくなった木造の銭湯にはおなじみの宮造りのデザイン。神社仏閣と同じ格天井は、脱衣時に、あるいは湯上がりに見上げれば、その銭湯の風格をうかがい知ることができる。仲乃湯の格天井もまた見事な造りである。

MEMO

年々減っていく横浜市の銭湯

営業数のピークだった昭和40年代に340軒あった横浜市内の銭湯は、令和5年現在で49軒にまで減少している。どの世帯にも浴室が備わるという環境にある現代において、銭湯への客数が減少していることに加え、コロナ禍による燃料や光熱費の高騰、設備の老朽化、後継者不在など、多くの問題によって廃業に繋がるケースが後を絶たない。

番台から見て右手が女湯、左手が男湯。女湯の脱衣所は、番台からは見えないように仕切りなどの配慮がされている

薬湯＆自家製クイズで、地元民を楽しませる

「サラリーマンだったのですが父が急逝して。姉と弟は銭湯の知識はないし、それぞれ別の暮らしと仕事をしていたし、私が継ぐしかないだろうと。ただ私自身も何もわからない状態で始めたんですよ」

平成12年に仲乃湯を引き継いだ3代目店主の高野善民さん。父・輝夫さんの逝去で一人となってしまい、周りからは廃業するだろうという目で見られていた。そんな周囲の目があったことで、祖父の代から築いた銭湯を意地でも一人でやってやろうと発奮したのだという。

引き継いだ当初、一番辛かったのはボイラーを稼働する際に使用していた重油のドラム缶の移動と窯の清掃だったという。

「油のタンクからギアポンプまでドラム缶を5メートル移動しなければならなかったのです。

ドラム缶は200キロ以上あるので、その5メートルに30分くらいかかりました。慣れれば5、6秒でゴロゴロっと転がせるものなのですが……父が生きているうちに引き継いでいたらコツを教えてもらい、あれほど苦労せずに済んだはずです。窯の清掃も毎日頬っ被りして暗闇の中で作業していましたが、携帯電話とかデジタル化の著しい時代に『これはないよなぁ……』って思いながらやったものです」

平成22年に都市ガス化し、ドラム缶の移動や窯の清掃の苦労もなくなった。同時に近隣から洗濯物に煤がつくという苦情もピタリと止んだ。今ある煙突は煙を出す役割から銭湯の存在を示すサインとしての役割へと変わり、存在し続けている。

開業時から動き続けている明治時計株式会社製の
振り子時計。脱衣所の中央に掛けられている

仲乃湯は善民さんの祖父・憲作さんが昭和24年に「中乃湯」として開業。その後いつかは定かではないが、「何かしっくりこない」との理由で「中」に人偏を入れて「仲乃湯」へ変更した。千鳥破風（＊1）には「中乃湯」、入口には「仲乃湯」とあり、その変遷が視認できる。

脱衣所の床や壁にある飾り細工の木目部分のツヤは素晴らしく、念入りに手入れされていることがうかがえる。

「床は年に2回、壁などの側面は何年かに一度、ニスを塗っています」

定期的にニスを塗ることは建物が傷まないようにという目的もあるが、そういう意味では浴室内の定期的なペンキ塗りもまた、建物を守る上で不可欠である。

「特に天井は湯気で剥がれてしまうので、定期的にペンキ屋へ依頼します。最近は建築的にうるさいようで、昔と違ってしっかりした足場を組まないと塗装の許可が下りないそうで、当日はライブでもやるんではないかという壮大な足場が組まれています」

仲乃湯の特徴のひとつである露天風呂は、昔ながらの町場の銭湯としては珍しく男女両方に存在する（女湯は室内岩風呂）。男湯には灯籠もあり、温泉地に訪れたような本格的な造りだ。

「露天風呂は2代目の父（輝夫さん）が平成9年の大規模改修時に造成しました。カランも当時の客数に合わせて減らし、女湯は広く取っていたベビールームを縮小して、そのぶんのスペースを室内岩風呂に造り変えました」

銭湯の楽しみのひとつに浴室内の壁画があるが、仲乃湯は特に豊富である。通常は浴槽の壁面にあるのが一般的だが、仲乃湯の場合はそれ以外にも男女仕切り壁などいろいろな部分に描かれている。

「このあたりはだいたい初代の祖父（憲作さん）が携わっていたので、私自身はどういう経緯でこれらの画になったのかはわからないです。女

左／脱衣所の折上格天井には美しい飾り細工が施されている　右／女湯にあるベビールーム。客数が多かった頃はベビーベッドが3台設置されていた

入り口に整然と並ぶ傘入れ。近隣に住む
地元民はもちろん、遠方から車でわざわ
ざやって来る方もいるという

湯の宍道湖の壁画は一見夕陽っぽいのですが、夕陽だと『落ちる』ってことで商売上好ましくないと言われているのです。だからこれは朝陽です」

　仲乃湯のある横浜市南区八幡町（はちまんちょう）は、約一千年前の延喜年間から存在すると言われる中村八幡宮を中心に、昭和時代は商店街で賑わい、昭和30年代には1日2,500人もの銭湯利用があったそうだ。
「ここの近くの山羊坂（やぎざか）をのぼったところから眺めた風景にある住宅群は全部うちの客だった、なんて昔、父が言ってましたね。番台も一人じゃ足りなくて、常に何人かで対応していたようです。今なんかあくびが出ちゃいますよ。それじゃいかんと思って自分なりにいろんなことをしていますよ」

　年々減少する銭湯利用者数に歯止めをかけようと、善民さんがまず力を入れたのは薬湯。薬湯は四季折々のものや業者からの提案を含め、善民さんが日替わりのスケジュールをバランス良く決め、手書きの予定表を作成し、来客者の楽しみを増やしている。全国各地の温泉地の湯をはじめ、ハーブ系、果物の果汁など、実に豊富で今まで500種類ほど試したという。「パインアメの湯」や「ココアシガレットの湯」などユニークなものある。
「銭湯の薬湯は漢方系が多くて、ちょっとジジ臭いかなと。夏場はどうしてもシャワーで済ませる人が多いせいか客数も少なめなので、『ペパーミントの香り』とか『ブルーハワイ』とか清涼感のあるものをチョイスしています。今度考えているのは『クーリッシュ』の湯、その名も『クーリッシ湯』です」

　善民さんはイベントごとが好きで、10月10日に制定されている銭湯の日にはJAよりカボスを取り寄せ、「カボスの湯」をやったこともあった。
「組合（＊2）として年に3、4回『しょうぶ湯』や『ゆず湯』などのイベントをやりますが、それだけでは足りないし他と変わらないので、独自にいろいろと取り入れてやっています。この前は『パンダ銭湯』（＊3）にあやかってパンダの着ぐるみで営業したのですが、さすがに私が着ぐるみで女湯に入るのは変態になってしまうので妻や娘にやってもらいました」

　他にも善民さんが番台に立つ夜20時以降は、お客様に自家製のクイズを提供し、正解するとお菓子をプレゼントするなどのサービスを実施している。クイズのジャンルは映画、ドラマ、アニメ、芸能界、スポーツ、音楽、食べ物など多岐にわたり、また膨大な量である。

「クイズを作ることが仕事じゃないって言ってるんですけどね。でもそれを楽しみに毎日来てくれるお客さんもいますからね」と言いながら、善民さんは今日一番の笑顔を見せた。

256番まである下駄箱が並ぶ光景は圧巻

＊1：屋根の流れ面に起こした三角形の破風。破風は基本的に機能性を持つものが多いが、千鳥破風は装飾の意味合いが強い
＊2：神奈川県公衆浴場業生活衛生同業組合。昭和33年に設立された厚生大臣認可法人である全国公衆浴場業生活衛生同業組合連合会（全浴連）の組合員である
＊3：動物園で暮らすパンダ家族が主人公となり、銭湯が舞台となった絵本。tupera tupera作

1．男湯（浴室）の正面に描かれているタイル絵は、奥入瀬渓流の紅葉　2．男女仕切り壁にもタイル絵があり、女湯側には天女（写真）や富士山が描かれている　3．女湯の室内岩風呂には浦島太郎のタイル絵　4．平成9年の改修時、庭に新設した男湯の露天風呂

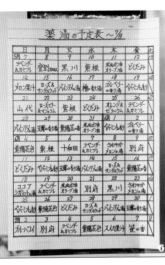

5.女湯のタイル絵は宍道湖の朝陽。商売上「沈む」のは縁起が悪いので夕陽ではない　6.日替わりの薬湯の予定表は、善民さんによる丁寧な手書き　7.善民さんが番台にいる時は膨大な量の自家製クイズを楽しむことができる

INFORMATION

仲乃湯
南区中村町3-207-8　☎045-251-9528
営業時間：15：30〜23：00　定休日：土

仲乃湯の脱衣所。天井が高く広々とした空間に、年代物の建具や調度品、喉の渇きを潤す飲み物などが置かれている

優待入浴料金表

共通入浴券10枚綴り料金

大人券　　4,700円

小学生　　400円
幼児2名　無料

漆黒の温泉・黒湯(くろゆ)を横浜の地で
朝日湯(あさひゆ)

　毎年正月の箱根駅伝では国道15号線（通称・第一京浜）が走路となり、みなとみらいや山下町(やましたちょう)などの中心部とは異なる横浜の風景をテレビ中継から眺めることができる。

「花の2区」と呼ばれ名勝負が繰り広げられる区間に位置する鶴見区(つるみく)は、臨海部に京浜工業地帯を望み、古くからの住居など建築物が密集する。駅伝のない普段はまったく途切れる様子が見られないほど車の往来が激しいが、そんな様子を見守るがごとく沿線にどっしりと構えるのが朝日湯である。

　周囲を囲う塀の構え。入り口に入母屋破風(いりもやはふ)（＊1）、その上に千鳥破風(ちどり)と、圧巻の破風二段重ね。数ある銭湯の中でもかなり迫力ある造りだ。正面とサイドの破風には懸魚(げぎょ)があしらわれている。

「鶴見だから『ツル』の彫刻を懸魚にしたみたいなんだけど、両サイドは違うものがあしらわれているみたい。普段ちゃんと見てないからね」と、3代目の江尻福江(えじりふくえ)さん。

　朝日湯は、昭和3年に福江さんの祖父・福松(ふくまつ)さんが開業。現在の建物は昭和30年代に

＊1：入母屋造りの屋根と一体化している三角形の部分

建て替えられた2代目で、福松さんが懸魚を置くよう大工に注文したようだ。

朝日湯と言えば、黒湯だ。
「その頃、綱島の温泉が賑わっていて。黒湯は鶴見でも出ると知って掘り当てたのよ」

今の港北区・綱島は、かつては温泉街として知られていた。黒湯とはラジウムを含んだ黒褐色の重曹泉（ナトリウム炭酸水素塩系冷鉱泉）のことで、綱島をはじめ京浜工業地帯など広い範囲で湧出している。

黒湯は冷鉱泉なので冷たい水であり、入浴するには沸かす必要がある。かつての朝日湯は薪や重油で沸かしていたが、近年ガス化したため、名物の煙突が撤去されたのが寂しい。朝日湯の黒湯は水道水を混ぜて沸かしている

が、サウナがあるため水風呂も設置。その水風呂は黒湯の源泉である。灼熱のサウナの後のなめらかな黒い水は、実に気持ちがいい。
「私も小さい頃から身近に触れてきた黒湯は、白湯（水道水）に比べたらなめらかさが全然違うし、肌にとてもいいのよ」

近隣でも、同じ黒湯の銭湯が近年枯渇して廃業してしまったのだと江尻さんは話す。銭湯の廃業は、単に後継者不在や家庭風呂の普及によるお役御免の問題だけではないのだ。

INFORMATION

朝日湯
鶴見区生麦3-6-24
☎045-501-5863　営業時間：15：00〜22：00
定休日：5・15・25日（日の場合は翌日）

写真：96・97頁／編集部

左／格天井が張られた脱衣所　右上／男湯浴室内。壁画は何年も前からプリントタイプに変更したのだそう　右中央／正面の千鳥破風。かつてこの部分に夜間でも朝日湯のサインがわかるネオン管がついていたが、今は老朽化のため撤去された　右下／黒湯の浴槽に浸かれば明日への活力もみなぎる

DATA

開業	平成1(1989)年 ※横浜シネマリン
竣工	昭和29(1954)年 ※横浜花月映画劇場
設計	創和建築設計事務所 ※上郎ビル
構造	鉄筋コンクリート造

横浜シネマリンは上郎ビルの地下1階に入る。上郎ビルの設計者は、横浜スタジアムも担当した吉原慎一郎氏の創和建築設計事務所。1階の老舗喫茶店「あづま」のコーヒーとセットで映画を楽しみに来る常連も多い

INTERVIEW　　　　　　　　（07）

映画愛好家が受け継ぐミニシアター

横浜シネマリン

技術

ILLUSTRATION 図解

断面図

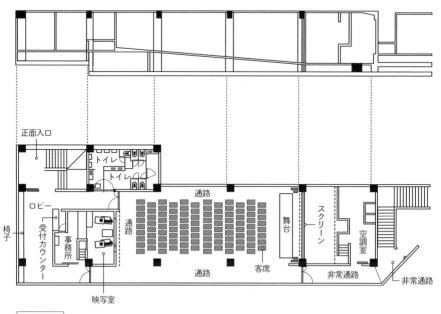

正面入口

トイレ
トイレ

ロビー

椅子

受付カウンター

事務所

通路

通路

客席

舞台

スクリーン

空調室

非常通路

非常通路

映写室

平面図

HISTORY 歴史

昭和39年（1964）
横浜花月映画劇場の閉館（昭和37年）に伴い、イセザキシネマ座の名称で再オープン

平成13年（2001）
客席をリニューアル。椅子の数を減らしてシネマコンプレックスと同レベルの質にする

平成27〜28年（2015〜16）
耐震工事を実施

昭和29年（1954）
吉本興業が横浜花月映画劇場を開業

平成元年（1989）
イセザキシネマ座から横浜シネマリンに改名するタイミングで内部を全面改装

平成26年（2014）
オーナー変更に伴い内装を全面改装

35ミリフィルムを模した看板

現在のシネマリンとなって2か月後に新装した看板は、映画のフィルムをイメージした波打つデザインが印象的。日が暮れると、「横浜シネマリン」というステレンス製看板の文字や看板猫がライトに照らされて浮かび上がる。

くつろぎ感あるロビー

女性が一人でふらりと訪れやすいよう、木材をルーバー状に配して温かみとスタイリッシュさを取り入れた。実際の広さよりも開放感を覚えるのは、情報は多いのにすっきりしたポスターの貼り方も一因か。

音響効果を考えた天井

平成26年の改装時、映画による国際交流を目的とするアテネ・フランセ文化センターのエキスパートに音響設備を依頼。天井は照明の設置位置を優先するのではなく、音の響きに配慮してクッション材を配置している。

たがい違いに配置した客席

平成26年の改装時、「快適で健康的な空間」というコンセプトのもと165席あった客席を102席に減らし、床にはゆるやかな傾斜をつけた。前列と座席の位置をずらし、たがい違いに配置することで見やすさもアップしている。

MEMO

35ミリフィルム映写技師の匠の技

デジタルに移行を果たした映画だが、アナログ時代には上映中にフィルムが切れることが少なからずあった。フィルムが切れると破裂音がして映像が途切れ、客は待つしかない。そのため映写室には常に映写技師がいて、フィルムが切れたら手早く繋ぐ。繋ぎ方が悪いとフィルムに傷がついて、映像に雨のような模様が入ることも。機械から外れそうになっているフィルムをボールペンで押さえて、なんとかやり過ごすという技もあったという。

サイドの通路にも余裕を持たせて快適さを増した現在のシネマリン。両側から引っ張ることで微かに湾曲させた太鼓張りのスクリーンも今では珍しい

苦労が報われる「ここで観て良かった」の声

　かつて映画の町と言われた横浜。中でも伊勢佐木町界隈には多くの映画館があった。

　大手シネマコンプレックスの台頭と反比例するように、古くから愛されてきた小さな映画館の数は減少の一途を辿っている。一方で根強いファンに支えられ、町とともに歩みを続ける映画館もある。そして、上映作品や監督・俳優の特集などの企画で独自性を打ち出すミニシアターが、今また元気を取り戻しつつあるように感じられる。

　横浜シネマリンもそのひとつ。経営危機を乗り越え、移転や建て直し、オーナー変更などを経て今に受け継がれてきた。

　横浜シネマリンの始まりは平成元年。ただし、前身を辿っていけば、話は昭和29年にさかのぼる。当時20館ほどの映画館があったこの町に、吉本興業がオープンした横浜花月映画劇場。昭和37年に閉館した翌々年、イセザキシネマ座として再オープンした。

　「花月がなくなって町が寂しくなった時、『なんとか再開してほしい』という声が町内外から多かった。それで町会長だったトンカツ屋や、うちのおやじたちが『よし、映画館をやるぞ』というので始めたんだ」

　当時を振り返りながら語ってくれた内嶋一雄さんは、横浜シネマリンの前オーナー。父親が映画館を始めた当時は大学生で、学校に通いながら映画館の仕事を手伝っていたという。父親は松竹の社員だったから、映画興行のプロと言える。内嶋さんもアルバイトを通して映画のこと、映画館の経営のことはよくわかっていた。

写真：内嶋一雄

左／内嶋さんが経営に携わっていた当時のシネマリン。喫茶店あづまの看板も鮮やか　右／きっちりと並ぶ客席、天井も壁も明るい色で現在の内装とは対照的

　そして平成元年、株を買い取って「横浜シネマリン」と名を変えた。

　「大人が決めたイセザキシネマ座が古臭いと思っていたから。おやじたちの時代は、最初は名画座。それから日活が頼みに来てロマンポルノを上映していた。松竹の映画もかけられたから、上映作品には苦労しなかったな」

　自分の映画館にした時に1回、バブルが弾けたタイミングでもう1回、大きな改装をした。どちらも使いやすさを考えながら、経験ゼロからすべて自分で指示したという。

　「吉本から引き継いだ時の客席は227。40席ぐらいが立ち見だったから、映画は人々の娯楽の中心だったんだね。改装のたびにどんどん席が

減っていったけど」

　『赤毛のアン』を上映した時は反響が大きく、今でいう主人公のコスプレをした中高年女性が道まで溢れた。『おくりびと』がアカデミー外国映画賞を獲った時には、問い合わせで電話がパンクしてしまった。

　「この映画は絶対にすごい賞を獲る。そう感じて、他の映画館が上映を終えてもずっと続けていた。だからアカデミー賞受賞の時は、神奈川県でうちだけが上映できていて、松竹が譲ってくれと頼みに来たよ」

　毎週のように来て、バナナやチョコをくれるお年寄りもいた。切符は手渡しで、スタッフは掃除もなにもかも全部やる。

　「そういうことを50年やって、今思えばすごく幸せだった。当時は機械が故障したり、フィルムが切れて繋げなかったりという悪夢を見て飛び起きることも多かったけれど（笑）」

　そうした時代を経て、デジタル化の時代がやってきた。デジタルに変えるためには約1,500万円の設備投資が必要だという。潮時かと映画館を閉めることを決意した時、紹介されたのが八幡温子さんだった。

写真：内嶋一雄

街の人々に熱望されて再生したイセザキシネマ座

35ミリの映写機が現役で活躍している。しかも2台。アナログの上映中には映写室に技師が常駐し、熱がこもるのでダクトが欠かせない

当時、八幡さんは横浜キネマ倶楽部という映画サークルに所属していた。閉館した映画館の元従業員や映画ファンが集い、横浜に自分たちが満足できる映画館をつくることを目指して公民会での上映などを行っていた。

閉館する映画館がある。やりたい、やろう――ほぼ即決だったという。

「機材などはそのまま使用できるかと思っていたのですが、考えが甘かったですね。最初の誤算でした」

老朽化がひどく、新しいスクリーンを設置するために工事をしていたら、左右の壁が崩れてきてしまった。35ミリの映写機も故障しているし、デジタルの設備も必要だ。

「市の助成金も受けましたが、予算は倍以上オーバーしてしまいました。映画館の経営には建築基準法、消防法、保健所など多くの許認可が必要です。それをクリアするためには会社ごと引き継ぐことだと言われました」

そこで、内嶋さんが廃業届を出そうという寸前で会社ごと買い取ることに。こうして横浜シネマリンは、オーナーを変え、施設も丸ごと一新して再生を果たした。

「壁がダメになったことで嬉しい誤算もありました。残響が素晴らしく、音響を担当してくれたアテネ・フランセ文化センターの堀 三郎さんが、音響自慢の映画館になると太鼓判を押してくれたんです」

もともと音響には絶対のこだわりがあった。堀さんの技で、普通なら高音と低音が微妙にずれて届く音を、ピタリと合わせて届けることができるようになった。

「私自身もそうですが、お客様も興奮がやまないほど音に感動してくださることが多いです。

子ども向けの上映会では、主人公が暗い森の中を走るというちょっと緊迫感のあるシーンで、子どもたちが静まり返ってしまって。普通なら、観ている子どもたちから主人公に声援があがるシーンなのに」

どうしたのだろうと思って上映後に聞いてみると「草の音や風の音が怖くて、じっとしていた」という。他ではなかなか味わえない臨場感で観客を包み込む。そんな映画館だということがわかる。

「上映作品を獲得するためには毎回苦労がありますが、少しずつ自分がかけたい映画を選べるようになってきました。大変なことも多いけれど、自分の映画館を持つという大きな夢が叶ったのだから楽しもうと思います」

映画を愛し、人々に感動を届けたいと願う人がいて、映画を観る空間と鑑賞体験に心を躍らせる人がいる。ゆったりした客席に腰をかけて「映画を観ることは旅をするようなこと」という八幡さんの言葉を頭の片隅に置きながら、前情報などなくても、その時に出合った映画を観てみたいと思われる。

「苦労して獲得した作品がピタリとはまり、お客様が喜んでくださると無上の喜びを感じます」と話すオーナーの八幡さん

1.旧シネマリンの階段スペース。写真には、内嶋さんの手書きで改修の指示が入っている **2**.新生シネマリンは、昔と構造は変わらないはずなのに天井の高さが際立つ **3**.間口は広くないが、曲線を描く看板や階下に続く入口には誘い込むような雰囲気がある **4**.スクリーンだけがカラーの世界になるよう、壁も天井も黒一色にした内装

5.ロビーには、腰を掛けてゆっくりと上映時間を待つスペースがある。Tシャツなどシネマリンオリジナルグッズの販売も　6.上映中に電話を取ることもあるという映写室。光漏れには注意だが、音は漏れないのだとか　7.切れたフィルムを繋ぐ道具もそろっているが、繋ぎ技術は失われつつあるという

INFORMATION

横浜シネマリン
中区長者町6-95　☎045-341-3180
営業時間：9：30〜22：30（作品により異なる）　定休日：元日

シルク貿易の振興発展を伝える

シルクセンター国際貿易観光会館

　昭和34年、横浜開港100年の記念事業の一環で建設された複合施設であるシルクセンター。開港と同時にシルク貿易で賑わい、横浜の町が独自の発展を遂げたことを考えれば、まさに記念にふさわしい建物と言えるだろう。

　シルクセンターのある山下町一帯は、旧居留地の番地をそのまま使っており、開港当時の歴史を現在に伝える。建設地の「山下町1番地」という番地も、開港時に居留地1番地にあった英一番館と呼ばれた英国系総合商社のあった跡地であるためである（現地には記念碑が建立されている）。

　建物の設計は指名コンペにより選ばれた坂倉準三氏（＊1）。建物は低層部と高層部で機能、構造、意匠が分離され、骨太な大スパン構造（＊2）の低層部とスラブ（床）と庇の水平ラインが浮かぶようにデザインされた高層部で構成されており、外観意匠は入港する船舶の目標となることも意図されていた。

　低層部にはシルク博物館をはじめ事務所や店舗が入り、高層部はかつて「シルクホテル」として親しまれた国際観光ホテルであったが、現在は主にオフィスとして使用されている（ホテルは昭和57年に廃業）。

　ちなみに、ビルの建設を担ったのは鹿島建設であるが、居留地時代の商社・英一番館を手掛けたのが前身・鹿島組というところにも歴史と物語を感じさせられる。

建物の内部は2階以下が半階ずつ上がって
いくスキップフロアとなっている。内外の階
段のデザインや丁寧に磨き抜かれた真鍮製の
滑り止め、人造石研ぎ出しの床などは見どこ
ろで、数少ない戦後モダニズム建築のシンボ
ル的な建物である。

INFORMATION

シルクセンター国際貿易観光会館
中区山下町1番地
☎045-641-0845(代表)
営業時間・定休日：施設により異なる

左／細部のデザインまで美しく、凝った造りの階段　右上／鉄筋コンクリートの堂々たるビルの中には小規模なオフィスが
入居する。余裕を持たせた空間に、和を感じる意匠が映える　右中央／回廊・中心部のエレベーターホールがメインエント
ランス。スキップフロアの天井は低めだが、大理石で仕上げられた床や壁の色使いのためか明るく開放感がある　右下／よ
く見ると、壁に時計の跡や、床にカウンターの跡があり、ホテル時代の受付の名残がうかがえる

＊1：1901年生まれ。東京帝国大学文学部在学中に建築家を志して渡仏し、モダニズム建築の巨匠であるコルビュジエの
　　もと都市設計や住宅設計に関わった。帰国後も精力的に活動し、手掛けた建物や家具などは実作にして約300に及ぶ
＊2：柱と柱の間隔を数十メートルほどあけて空間をつくる構造

横浜生まれの老舗書店

有隣堂 伊勢佐木町本店
<small>ゆうりんどう いせざきちょう</small>

 本

有隣堂・創業の地でもある伊勢佐木町本店。正
面口の上部に赤いテントが設置され、ガラス扉
の位置が1メートルほど奥に移されている他は、
ほぼ竣工当時のままの形を残している

DATA	
開業	明治42(1909)年
竣工	昭和31(1956)年
設計	竹中工務店
構造	鉄筋コンクリート造

ILLUSTRATION | 図解

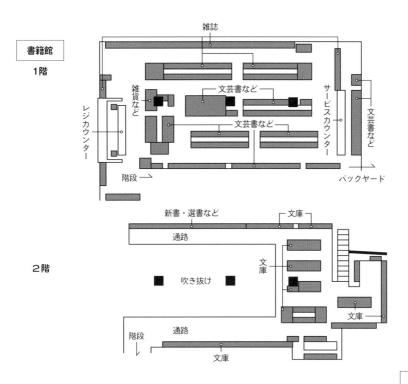

書籍館
1階

雑誌

レジカウンター

雑貨など

文芸書など

文芸書など

サービスカウンター

文芸書など

バックヤード

階段 →

2階

新書・選書など

文庫

通路

文庫

吹き抜け

文庫

階段

通路

文庫

平面図

HISTORY | 歴史

大正9年（1920）
株式会社有隣堂に組織を改め、店舗を拡張

昭和20年（1945）
横浜大空襲により店舗が全焼。敗戦に伴い店舗敷地が米軍に接収される

昭和31年（1956）
現在の有隣堂ビルが完成、営業開始

昭和36年（1961）
6階（最上階）部分増築

明治42年（1909）
松信大助が個人経営で伊勢佐木町通りの一角に開業する

大正12年（1923）
関東大震災により店舗が倒壊・焼失

昭和27～30年（1952～55）
敷地の前部と後部に分けて接収解除される

昭和32年（1957）
地下1階に喫茶部開設

STRUCTURE 構成

前部と後部を分けて着工した店舗

米軍により接収された店舗敷地は、昭和27年に建物の前部(伊勢佐木町側)、昭和30年に後部(末広町側)が接収解除された。そのため前部を先に着工し、接収解除の遅れた後部と繋ぎ合わせて昭和31年に竣工した。

NYの有名書店に倣った売場

吹き抜けの1、2階は、ニューヨーク5番街にあったスクリブナー書店の売場デザインを参考にしている。スクリブナー書店は、ヘミングウェイやフィッツジェラルドなどの作品を出版した老舗出版社としても知られる。

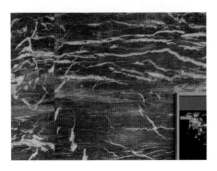

大理石の壁と柱

1、2階を貫く2本の大きな柱と階段エリアの壁には、重厚感のある濃いグレーの大理石が配されている。竣工時から変わらないもので、戦後復興期の書店建築のイメージを覆す高級感と誇りに溢れている。

搬入用の手動エレベーター

65年以上使われている搬入用エレベーターはアメリカ・オーチス製。手動式で蛇腹の内扉は、60万円以上かけて度々修理している。伊勢佐木町本店では、こうしたアンティーク級の装置が日常的に稼働している。

MEMO

接収解除を呼びかける一族の気概

末広町の接収解除がなかなか進まなかったため、3代目の松信泰輔氏は「横浜の人々は文字、文化に飢えている。とにかく横浜の復興には書店が絶対に必要なのだ。それにはこの土地を解放してもらわないと書店が建たないのです。一日も早く米軍のご理解を」という趣旨の英語の看板を立て、呼びかけたという。戦後の地元の教育普及と文化振興に尽力した。

伊勢佐木町本店の正面口。昭和51年頃から兄妹による生花店が営まれている

創業者の夢を語り継ぐビル

　地元では誰もが知る書店、有隣堂 伊勢佐木町本店。そのビルは関内駅前、伊勢佐木町通りの商店街アーチをくぐってまもなくの左手に構えられている。

　竣工は昭和31年。鉄筋コンクリート造、地上6階、地下1階建て。設計・施工は竹中工務店。一面ガラス張りの正面口から眺めると、1階から2階に吹き抜ける壁三面の天井まで、ぎっしりと本で埋め尽くされているように見せる造り。ニューヨーク5番街にあったスクリブナー書店の売場デザインにヒントを得たとされる。
「有隣堂は、代々海外で見てきたものを商売に取り入れてきました。開港の歴史を持つ横浜ならではの先取りの精神かもしれませんね」と、店長の宮尾美貴子さん。

　『建築文化』(1956年4月刊行113号、彰国社刊)の中で「壁面をできるだけ利用し柱型部分もまた独立書棚の側面も本を飾り売場全体が本で埋まっている」と紹介されていることからも、本で魅せる店内の造りは建設当時からのポリシーだったのだろう。

　創業者の松信大助氏が伊勢佐木町通りに有隣堂を構えたのは明治42年。兄が吉田町1丁目で営んでいた第一有隣堂で4年ほど書籍販売に従事したのち、現店舗所在地の一部を取得し第四有隣堂として開業した。

　開業当時の建物の間口は2間(＊1)、奥行3間、木造2階建て。社史によると大正5年頃に建て直したと考えられる。

＊1：1間は約1.8メートル

左／大正5、6年頃に新築したモダンな店舗。大正12年の関東大震災によって倒壊・焼失した　右／昭和29年、完成間近の有隣堂ビル(伊勢佐木町側から撮影)

　明治時代後期から大正時代にかけて、伊勢佐木町には勧工場（百貨店の前身）、劇場、活動写真館（映画館の前身）などの娯楽施設が建ち並んだ。伊勢佐木町通りの先の永楽町・真金町に遊郭があり（172頁）、伊勢佐木町はその道すがらにあったため昼夜問わず賑わっていたという。

　第四有隣堂は順調に事業を拡大した。大正9年に第一有隣堂などと合併、組織を変更し、さらに隣接した土地を取得するなどして増築を重ねた。

　ところが大正12年の関東大震災により横浜は焦土と化してしまう。店舗を再建し軌道に乗せたが、昭和20年の横浜大空襲により町は再び焼野原となり、さらに伊勢佐木町周辺は進駐軍によって接収されてしまう。
　「焼け残った本牧（倉庫）に保管されていたコンサイス英和辞典が、戦後は飛ぶように売れたと聞いています」と、宮尾さん。
　野毛の平戸桜木道路沿いの仮店舗で10年間営業したのち有隣堂が創業の地・伊勢佐木町に戻り再出発したのは昭和31年のことだが、着工から竣工までは紆余曲折を経た。実は伊勢佐木町通り側の前部と末広町側の後部とで分けて着

工し、両者をくっつけて完成させたというのは、地元でも知られざる事実だ。

　昭和27年にまず伊勢佐木町側の土地の接収が解除される。しかし、末広町側の土地の接収解除の見通しが立っていなかった。大助氏は接収解除の陳情を続けつつ、第一期工事として前部のみ着工することを決意。前部と後部が分けて建てられたのはこのためだ。

　昭和30年4月に末広町側の接収も解除されると、満を持して後部も着工。翌年2月1日に竣工し、営業を開始した。

昭和31年の竣工時（左）と、現在（右）の伊勢佐木町本店。昭和36年に6階部分が増築された

1階の入口から吹き抜けとなっている1、2階を見渡す。入口の横にレジカウンターを配置し、中央に大理石が配された柱が立つ

こうして九尺二間から出発した店舗面積は約800坪へと拡大。売場では書籍、文具、教育用品、地図、画材、楽器などが取り扱われ、5階にはギャラリーが設けられた。昭和32年には地下1階に喫茶部が開設。提供された洋食の中には、横浜発祥とも言われるナポリタンがあったそうだ。昭和36年に6階を増築、店舗面積は約900坪となった。

伊勢佐木町本店の正面口から店内に足を踏み入れる。2階の天井まで貫く柱と大理石、それを囲むように本がひしめく様子は竣工当時のままだ。階段の手すりが経年により丸みとツヤを増す。末広町側出入口のシャッターは手動巻き上げ式。バックヤードで使われる搬入用エレベーターも手動式だ。現役で使われるアンティーク級の造作や設備が、オーセンティックな書店を構成している。

震災、戦災に見舞われるたびに奔走してきた大助氏にとって、不燃性で防火設備も備えたこ

昭和31年の店内。柱や吹き抜けの空間は今と変わらない

のビルは長年の夢であった。しかし、本人がその完成を見ることは叶わなかった。昭和28年、地鎮祭の打ち合わせ中、店舗設計図を握りしめたまま倒れ、帰らぬ人となってしまったのだ。

社史によると、明治42年、開業の5日後に大助氏は店舗にて結婚式を挙げている。新婚生活は店舗2階の住居で始まり、月35円の借家だったという。まさにこの場所から大助氏と一族、そして有隣堂は激動の時代を駆け抜けた。

毎度ご来店いただきましてありがとうございます

2階のエレベーターホールと階段。制服姿のエレベーターガールがフロア案内を担当した時代もあった。階段の壁には大理石が配されている

有隣堂は令和6年に創業115周年を迎える。その中で伊勢佐木町本店は革新的な挑戦を続けつつ、地域の書店としての役割を模索する。

ビル6階のスタジオでは公式YouTubeチャンネル「有隣堂しか知らない世界」を収録・配信し、型破りな演出で人気を博している。宮尾さんは「出演している書店員に会いに、全国からわざわざお客様がいらっしゃいます」と、嬉しそうにその盛り上がりに触れる。

令和5年には、2階からスクリーンをおろして映画上映会を開催。作品のセレクトは近隣のミニシアターの支配人が担当した。「1階の書棚の間から映画を観るという新鮮な体験でしたね」と宮尾さん。

学生や住民の知的交流の場づくりにも貢献している。関東学院大学の横浜・関内キャンパス内の2つのカフェを業務受託して運営。教養を育む書籍を厳選したブックエリアを設けた。

これらの活動を支える原動力となっているものは何か——宮尾さんは、これまでの歩みに思いを馳せながら話す。

「本を売るだけの書店ではなく、文化の拠点として人々を幸せにしたいという創業者の信念が、今も生きているのでしょう」

創業者の夢を詰め込んだビルとともに、横浜の老舗書店の物語はこれからも読み継がれていくのだろう。

店長の宮尾さん、YouTubeのMCキャラクター・R.B.ブッコローと一緒に。6階スタジオにて撮影

1.地下から2階の天井を眺める。壁の大理石と天井のモダンな照明が印象的　2.階段の手すりは経年により丸みを帯び、ツヤと味わいを増している　3.竣工当時、竹中工務店から寄贈された光藤俊夫氏の絵画。長らく作者不明だったが、近年神奈川新聞の取材で寄贈の経緯が判明した　4.平成6年まで営まれていた地下のレストラン。現在はコミック売場になっている

写真：株式会社有隣堂提供

5.バックヤードにある搬入用のエレベーター。「静かにゆっくりとやさしく閉めて下さい。かなりのご高齢で部品がもうございません、今度なにかあったらもう治らないかもしれません!!」という注意書きが、外側の扉に貼られている　**6**.中2階のエレベーターボタンも。取材中も従業員によって頻繁に使用されていた　**7**.伊勢佐木町本店のフロアガイド。人気を博す「有隣堂しか知らない世界」は6階のYouTubeスタジオで収録・配信されている　**8**.末広町側出入口のシャッターは手動の巻き上げ式。ハンドルを差し込み回転させる作業が、毎朝開店の際に行われる

INFORMATION

有隣堂 伊勢佐木町本店
中区伊勢佐木町 1・4・1　☎045-261-1231
営業時間：10：00〜20：00(12月31日は〜19：00)　定休日：なし

伊勢佐木町本店2階天井の照明。
曲線を描く丸パイプに黄・赤・
青の照明器具が配され、モダン
なデザインになっている

紅葉ヶ丘に建つ至高の読書空間

神奈川県立図書館「前川國男館」

　桜木町駅から歩いて10分ほど、勾配のきつい坂をのぼり紅葉ヶ丘を目指す。安政6年、幕府は横浜開港にあたり港を一望できるこの地に神奈川奉行所を置いた。時を経て、同地に神奈川県立図書館・音楽堂が開館したのは昭和29年10月。ともに設計は戦前戦後の日本のモダニズム建築を牽引した前川國男氏による。戦前・戦中の混乱期、物資不足の中で理想の空間への強い信念をくすぶらせていた前川氏が、ついに実現させた代表作である。

　紅葉坂から敷地に足を踏み入れると、左奥に前川國男館、隣接する音楽堂とは渡り廊下で接続する。その下をくぐり抜けると、掃部

山公園の緑が広がる。前川國男館と音楽堂、公園……内外の空間が有機的に繋がり、文化的一体感を持つ。

　前川國男館の魅力はなんといっても閲覧室の開放感と透明感である。建物を支える構造壁は書庫に集中させ、周囲をホローブリック、くの字型ルーバー、大きなガラスとスチール・サッシなどで構成することで、利用者は入館するなり淡い自然光に抱かれる。

　ホローブリックとは、前川國男館のシンボルたるテラコッタ風の穴あきレンガ・ブロックのこと。夏は強い日差しを防ぎ、利用者のプライバシーを守るブラインドとしても作用

写真：左上・右上／神奈川県立図書館提供

左上／前川國男館１階と音楽堂２階の平面図　左下／ホローブリックの外壁　右上／閲覧室。ガラス面の外部にくの字型ルーバーが設置されている　右下／くの字型ルーバーの絶妙な角度

する。窯元で試験焼を重ねても、その形状・寸法の精度があがらず苦労したというエピソードがあるが、平成24年の改修の際は当時の土と窯元が残っておらず釉薬の試作を繰り返し、これまた骨を折ったそうだ。

北側にある吹き抜けの閲覧室には大きなガラス面。その外部に設置されるくの字型ルーバーは、計算された角度で光を取り込む。ガラスの向こうでは掃部山公園の木々が四季折々の姿を見せており、うっとりとする。読書家にとっての至高の図書館である。

さらに家具、書架や展示ボードなどの什器も含め、統一性と機能性をもってデザインされ、開館当初の閲覧室に配置された。

昭和20年の横浜大空襲では紅葉ヶ丘一帯も焼野原になった。図書館建設の構想を掲げた際、多額の県費を使うことへの強い反発もあったというのは、時勢として当然のことである。時は過ぎゆき、大規模改修工事のため令和４年から４年間の長い休館期間に入ると、前川國男館を恋しがる声が続々とあがった（＊１）。時代が前川氏の理想、信念を評価し、いつしか地元の誇るべき建築物としての地位を確立したのだ。

INFORMATION
———
神奈川県立図書館
西区紅葉ケ丘9-2

＊１：令和８年まで休館（予定）。令和４年に同じ紅葉ヶ丘エリアに新しい本館が開館。本館は奥野設計の石井秀明氏が設計。髄所で前川國男館のエッセンスを引き継いでおり、連続性のある建築物となっている

横浜開港の物語を紡ぐ

<ruby>根岸競馬場跡<rt>ねぎしけいばじょうあと</rt></ruby>

娯楽

DATA	
開業	慶應2（1866）年
竣工	昭和4（1929）年
	※一等馬見所
設計	J.H.モーガン
構造	鉄骨鉄筋コンクリート造

公園側から見えるのは競馬場の
背にあたる部分。現在は米軍施
設があるため建物の向こう側は
見られないが、かつてはスタン
ド席があり華やかなレースが繰
り広げられていた

ILLUSTRATION : 図解

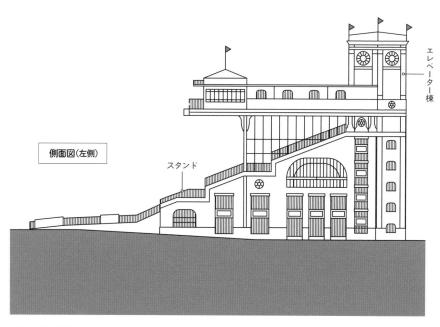

エレベーター棟

側面図（左側）

スタンド

※関東大震災で半壊した木造の馬見所に代わり、モーガンによって設計された鉄骨造の一等馬見所
　1929年3月12日当時の設計図／横浜開港資料館所蔵の資料をもとに作成

HISTORY : 歴史

大正12年（1923）
関東大震災が発生し、馬見所が半壊する

昭和5年（1930）
二等馬見所を創設。観客増加のため4年後に面積を約2倍に拡張

昭和20年（1945）
終戦後、連合軍により占領される

慶應2年（1866）
日本初の西洋式競馬場が完成。翌年から原則として春秋の年2回で競馬を開催

昭和4年（1929）
震災で半壊した馬見所をJ.H.モーガンの設計で再建、一等馬見所が完成する

昭和17年（1942）
日本海軍省により接収される

昭和63年（1988）
二等馬見所が老朽化のため解体

丸窓のエレベーター塔

3棟残る塔屋は、当時ではとても珍しかったエレベーター。建物の最上階には貴賓室が設けられていたため、それぞれにエレベーターが必要だったと考えられる。花窓とも呼ばれる、華麗な装飾が施された丸い窓が特徴的。

かまぼこ型のアーチ窓

洋風建築によく見られる、かまぼこ型の半円アーチ窓。装飾と強度を備え、ヨーロッパ本国の様式へのこだわりを感じさせる窓だが、現在では多くの部分がトタンで仮修復されたり、壊れたままになっていたりする。

横側から見たスタンド

エレベーターの塔屋の前に、わずかにのぞくスタンド部分。かつては上部にがっしりとした鉄骨が組まれ、その上に貴賓室が設けられていた。蔦に覆われた様子は趣もあるが、改修を経て公開される日を待ち望む声は多い。

梁のデンティル

丸窓の下に並ぶデコボコの小さな装飾、デンティル。ローマ建築が起源と言われ、小さく整然と並ぶ姿から歯状装飾とも呼ばれる。写真の部分は蔦が少ない壁面にあるため、窓との位置関係や当時の姿がわかりやすい。

MEMO

歴史を残す「馬の博物館」

根岸競馬場跡から5分ほどの場所に建つ博物館。馬事文化財団の運営で、馬と人との交流について調査・研究・展示を行う。収蔵資料は約18,000件（令和4年現在）で、根岸競馬場に関する資料や一等馬見所の模型が見どこ ろ。競馬場にあった貴賓室の格天井も一部、再現・展示している。本書の取材では、根岸競馬場が開国の歴史の中で果たした役割を学芸員の方に教えていただいた。

※2024年1月28日をもって当分の間、休館

キング・オブ・スポーツの系譜

　慶應2年の秋、横浜の町や港を一望できる根岸の森で競馬場が完成した。それは当時、日本で数少なかった横浜の外国人居留地に住む欧米人たちのひとつの夢の実現を意味した。

　その場所は日本で初めて恒久的洋式競馬施設が造成された地として、現在はその大部分が横浜市の管理する緑豊かな公園になっている。古くからこの周辺に住む人々には「競馬場」と呼ばれていたというが、高層アパートや新たな住宅が増えるにつれ「森林公園」という現在の名称で呼ばれるようになった。

　横浜市が管理する敷地以外は、公益財団法人馬事文化財団が管理する根岸競馬記念公苑となっており「馬の博物館」がある。学芸員の日高嘉継さんは、現在ではほとんど目にすることのできない根岸競馬場の一面を語ってくれた。

　「競馬場に隣接する米軍施設からは、競馬場の正面を見ることができます。以前は7月4日のアメリカ建国記念日に米軍施設がオープンになり、誰でも見学することができました。そのたびに競馬場の立派なスタンドの正面を眺めたものです」

　テロで警備が強化されたこと、さらには競馬場の建物の老朽化が進んだことで、現在では米軍、横浜市ともに申請許可を出すことはほぼないとされている。

　「米軍施設はひとつの町。ボーリング場や映画館もあり、建国記念日には縁日が並びました。日本のお祭りでは出店されないスペアリブのおいしさに驚いて、それが毎年の楽しみでした。ビールを飲みながら食べる、米軍施設の縁日で

上／関東大震災からの再建で、木造から鉄骨鉄筋に生まれ変わった威風堂々の姿 下／建物の最上部に設けられていた貴賓室。一等の施設に立ち入るには正装が条件で、和洋の正装をまとった紳士や淑女たちが集った

江戸時代、鎖国をしていた日本にペリーが来航（＊1）し、日米和親条約のもと開国が進められていった。貿易の利便性などを考え、江戸に近い港を拠点としなければならない。東海道五十三次の神奈川宿付近の海岸が候補となったが、宿場町だったため日本人の住民の多さ、往来の多さに、外国人が訪れることの安全面が懸念された。そこで住民100人足らず、人の行き来も少なかった半農半漁の村・横浜に白羽の矢が立った。もちろん大きな港はなかったため急遽埋め立てを進め、港がつくられた。

はじめは「契約不履行」と抗議した諸外国の代表だったが、実際に移り住んだ外国人たちは安全で暮らしやすい横浜を気に入り、国内最大の貿易港に発展していく。そうして外国人が暮らす環境が整っていった横浜の地で、故郷を偲んで彼らが熱望したもの——それが競馬だった。

売られるスペアリブの味は格別でしたね」と日高さんは思い出を語る。

そして横浜と呼ばれていた地域の人口が100人足らずだった頃からの、根岸の森と競馬にまつわる歴史を教えてくれた。

万延元年7月16日、横浜に暮らす外国人たちは、蹄鉄状に打った杭にロープを結んだ仮のコースを元町につくり競馬を開催した。

日高さんは思いを馳せる。「競馬がしたいという思いが強かったのでしょう。2年後にも中華街に仮の馬場やスタンドをつくって競馬をし

堂々とした洋風建築の面影は、現在も健在。平成21年、経済産業省により近代化産業遺産に指定された

競馬場のスタンド側がギリギリ
見えるポイント。周辺には米軍
施設への立ち入りや撮影に対す
る禁止の注意書きが点在する

ています。その間にも、江戸幕府に恒久的な競馬場をつくることを要求し続けていました」

現在の中華街の奥にあたる場所に競馬場をつくるという覚書が交わされた頃、生麦事件（＊2）が起きた。

「外国人と日本人が交わることの危険性が取り沙汰され、競馬場は住宅地から離れた高台の根岸の森が選ばれたのです」

慶應2年、イギリス駐屯軍将校らの設計・監督のもと、根岸競馬場が完成する。翌年1月には、さっそく記念すべき最初のレースが開催された。「以後、春と秋の年2回、競馬が開催されますが、最初の年だけは1月にも競馬をしたので3回の開催。春を待ちきれなかったのでしょう」と日高さん。

「年に2回だけ使われる施設としては、本当に立派で贅沢なものですよね。コースは1周約1,700メートル（創設当時）。トゥインクルレースで知られる現在の大井競馬場は約1,600メートルコースですから、それよりも長い」

明治期には火災があり、スタンドを立て直すなど何度かの増改築や修繕を経て、現在も残る施設を設計したのはアメリカ人建築家J.H.モーガンだ。

当初は治外法権のため外国人しか楽しめなかった競馬場だったが、徐々に日本政府の要人や明治天皇を筆頭に皇族関係者も招待されるようになり、競馬場が上流階級の社交場として存在感を発揮。大正12年には念願の競馬法が成立し、馬券発売を伴う競馬も開催される予定だった。

ところが同年秋、関東大震災で根岸競馬場も

スタンドが半壊するなどの被害を受ける。再建が急務とされ、競馬場を管理するアイザックス場長は設計担当として指名したモーガンに、いくつかの課題を出したという（＊3）。

耐震性があり、格調高く、左右のコーナーまで見やすいこと。これを叶えるためモーガンは、重量のかからない簡易な屋根を採用して建物内部の支柱を減らすことに成功した。デザイン性の高い、コース全体を見渡せるスタンドは、競馬を愛する人々をどんなに喜ばせただろうか。

昭和4年、8割完成した鉄骨鉄筋コンクリート造の一等馬見所には、最上階中央に貴賓室が設けられた。エレベーターを有する優美で豪華な競馬場が誕生すると競馬人気はさらに高まる。昭和5年に完成した二等馬見所は、増え続ける観客を収容するため昭和9年に増築された。

東京競馬場（府中市）の一部には、根岸競馬場一等馬見所のデザインが一部継承され、その意匠を伝えている。こうして全国の競馬場のモデルとなってきた根岸競馬場だが、戦争の影は避けられなかった。

戦時色が強くなってもなお競馬人気は衰えなかったが、昭和16年、太平洋戦争開戦により日本海軍の接収を受け、昭和17年が最後の開催となり、昭和18年に閉場式が行われる。

終戦後は長らく米軍に占領され、施設の老朽化は進む一方だった。何度も検討された競馬の再開も果たせぬまま、昭和44年の占領解除後も施設の修繕は叶わなかった。

現在、緑豊かな公園を横浜に遺し、建物はただ時の流れに身を任せている。

＊1：嘉永6年、マシュー・ペリー率いる米国艦船4隻が浦賀に来航。幕府は久里浜への上陸を認め、米国大統領の国書が幕府に渡された。翌年、日米和親条約が締結されて開国に至る
＊2：文久2年、生麦村(現在の横浜市鶴見区)付近で薩摩藩主・島津久光の行列と、馬に乗ったイギリス人4名が遭遇。馬を降りて控えるよう身振りした薩摩藩士に対し、言葉のわからないイギリス人は従わず、薩摩藩士が抜刀。英国人1名が死亡し、3人が怪我を負った。尊皇攘夷の気運が高まる時代背景もあり、幕府と天皇の争いと、日本と諸外国の関係が絡み合い大事件となった
＊3：震災前の競馬場は、木造のシンプルな箱型の建物の前面に階段状の客席があるという仕様だった。観客席には多数の柱が立ち、レースの大事な場面が見にくかった

1

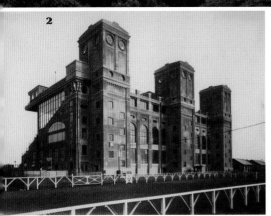

2

写真：横浜開港資料館所蔵

1 2.競馬場の今と昔。見比べると、スタンド上部の建造物が撤去されているのがわかる。かつての姿を収めた写真はモーガンの妻、石井たまの氏が寄贈したもので、横浜開港資料館で閲覧することができる　**3**.建物の近くに設置された写真入りの説明板を見ながら、かつての姿に思いを馳せる人々の姿も

3

INFORMATION

根岸競馬場跡
中区簑沢13-283　☎045-641-9185（根岸森林公園）
開館時間：根岸競馬場施設内は入場不可、公園は入園自由　休館日：なし（根岸森林公園）

写真…4・5・6／横浜開港資料館所蔵

4.半露天という建物の特性を生かし、スタンドの天井には簡易な造りを採用して開放感を高めている **5**.アメリカでは左回りのコースが一般的だが、根岸競馬場は地形の関係で右回りとなり、特に第1コーナーは急坂でトリッキーなコースだった
6 7.かまぼこ型の半円アーチ窓の今と昔。上流階級の社交場にふさわしく、窓や建物内にアーチを多用した優美な意匠が格調高い雰囲気をもたらしていた

近代横浜の記憶装置として

横浜開港資料館

日米和親条約締結の地に建つ横浜開港資料館。最初に外国人居留地が設けられた場所でもあり、当時ここは"日本の中の外国"だった。建物は旧館と新館が向かい合い、間にある中庭にはペリーも見たという「たまくすの木」が堂々と葉を茂らせている。

鉄筋コンクリート造でありながら優美な旧館は、関東大震災で倒壊した英国総領事館を引き継ぐ建物として昭和6年に竣工した。英国の伝統的な建築様式（＊1）を取り入れ、英国から運ばれた資材を用いて装飾性と機能性のバランスが取れた建物になっている。

昭和47年、総領事館としての役割が東京千代田区の英国大使館へと移管すると、建物は横浜市の所有となる。横浜市は昭和56年に新館を建築し、横浜開港資料館が誕生した。新館にはその名の通り、横浜の歴史に関わる多数の資料や貴重な写真が収蔵され、根岸競馬場（124頁）をはじめ横濱建築の資料も広く一般公開している。

新館の建物全体は、中庭を囲むコの字形をしている。海岸通りから見る面には窓などの開口部が少なく、まるで立ち塞がる大きな門のよう。

設計は浦辺鎮太郎氏（＊2）。横浜の歴史と文化を尊重し、街並みに溶け込ませながら特徴的な新館を仕上げることで、旧館を含めた独特の空間の佇まいを完成させたのだろう。

INFORMATION

———

横浜開港資料館
中区日本大通3
☎045-201-2100
開館時間：9：30～17：00
休館日：月（祝の場合は翌日）、年末年始

photolibrary

左／旧館の正面玄関は、荘厳な印象の円柱とヴォールト天井が古き良き英国の時代性を感じさせる。鉄筋コンクリート造ながら人工石を貼って石造りのように仕上げている　右上／設計者の浦辺氏は新館を長屋門に見立て、交通量の多い海岸通り側は壁面に、彩光と換気の窓は中庭側に設けたと説明している　右下／慶応の大火や関東大震災で大きな被害を受けながら、そのたびにたくましく生き返った通称「たまくすの木」。正式な樹名はタブノキという

photo AC

中庭側から見る旧館は、装飾性の
高い正面玄関に対して落ち着いた
印象。建設当時、建築物に多用さ
れたタイルも配されている

＊1：旧館は、18世紀半ばに流行したギリシア建築風や同時代のジョージアン様式の流れを汲む。左右対称の玄関の円柱、
　　　かまぼこ型のヴォールト天井、三角屋根、丸窓などの凝ったデザイン、石使いの巧みさなどが見て取れる
＊2：出身地である倉敷で、伝統的な街並みと近代建築の調和を考えた町づくりを牽引。機能的、近代的で工業的な手法と、
　　　ものづくりの精神が生きるクラフト性が融合する独特の建築様式を築いた。横浜市の都市デザイン室長・田村明氏と
　　　の出会いにより横浜でも手腕を発揮。横浜での代表作は、大佛次郎記念館や神奈川近代文学館などがある

「崎陽軒本店」の1階メインエントランス。
横浜駅東口地下街からのアクセスも可能

INTERVIEW （10）

....

ローカルブランドであり続ける

崎陽軒 本店
（きようけん）

....

 食

「よく、例えに出すのはアルゼンチンタンゴで
す。真に優れていれば、世界に認められる文化
になれる。その一例として」

崎陽軒 本店を案内してくれたのは、平成26
年に神奈川大学を卒業して同社に就職した広報
の山本 茜さん。入社の決め手になったという
社是「崎陽軒はナショナルブランドをめざしま
せん。真に優れたローカルブランドを目指しま
す」について、熱を込めて説明してくれた。

誰もが認める横浜の代表的ローカルブランド

「崎陽軒」は、創業から横浜との縁が深い。明
治41年、横浜駅長を退職した久保久行氏が、妻
である久保コト氏の名義で駅内営業権を得て、
牛乳、サイダー、寿司などを売り始めたのが崎
陽軒の始まりだ。

昭和3年には、のちに初代社長となる野並茂
吉氏と、久行氏の孫である久保 健氏が、中国・
広東出身の点心師と組んで、冷めてもおいしい
横浜名物「シウマイ」を開発。小型飛行機から
ビラをまいたり、戦後は横浜駅に「シウマイ娘」

（＊1）を登場させるなど、意表を突いたPRを展開した。大ヒット商品、「シウマイ弁当」が誕生したのは昭和29年のことだ。

昭和30年、当時は目立つ建物もなかった横浜駅東口に「シウマイショップ」をオープン。設計担当は、野毛 都橋商店街ビル（46頁）や横浜市営地下鉄、横浜スタジアムなど、横浜市内の歴史的建築を数多く手掛けた吉原慎一郎氏の創和建築設計事務所だ。

「シウマイ調理場がガラス張りで外から見られるのが売りでしたが、当時は台所など見せるものではないという常識もあり、かなり奇抜なアイデアだったんです」と山本さん。

また、日本初の円形エレベーターで屋上にあがり、ガラス張りの展望フロアから横浜港を望めるという当時としては斬新な趣向もあった。シウマイショップは横浜駅復興を志向したモダニズム建築であり、オープンからほどなくして横浜の名所となる。

シウマイショップの解体後、横浜駅東口にこの崎陽軒 本店がオープンしたのは、平成8年。

「横浜の新名所」としてコロニアル建築様式が採用された。

「シンガポールのホテルのような、アジアと西洋が交わるスタイルで、例えばこのカーペットの柄などが特徴的です」と山本さん。本店3階のホールには、ドラゴンが舞うオリエンタルな柄のカーペットが敷かれており、ラグジュアリー・リゾートのようなラタンソファとマッチし

写真：株式会社崎陽軒提供

昭和30年にオープンした「シウマイショップ」。当時は連日大盛況で、観光バスが建物前に何台も停車していたという

HISTORY ｜ 歴史

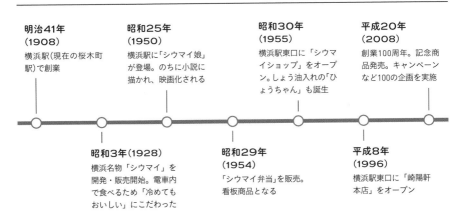

明治41年（1908）
横浜駅（現在の桜木町駅）で創業

昭和3年（1928）
横浜名物「シウマイ」を開発・販売開始。電車内で食べるため「冷めてもおいしい」にこだわった

昭和25年（1950）
横浜駅に「シウマイ娘」が登場。のちに小説に描かれ、映画化される

昭和29年（1954）
「シウマイ弁当」を販売。看板商品となる

昭和30年（1955）
横浜駅東口に「シウマイショップ」をオープン。しょう油入れの「ひょうちゃん」も誕生

平成8年（1996）
横浜駅東口に「崎陽軒 本店」をオープン

平成20年（2008）
創業100周年。記念商品発売。キャンペーンなど100の企画を実施

本店エントランスを入ると、シウマイ、弁当、点心、菓子、オリジナルグッズなど崎陽軒の商品が購入できる販売店がある

ている。

建築に約100億円が費やされたという本店の設計コンセプトは、「食の先導役として横浜駅東口エリアを照らす都市の灯台」。たしかに上層部のガラスカーテンウォールが明るく灯る夜間の外観は灯台を連想させる。横浜駅周辺の軟弱な地盤への対策としてスーパージェット工法（＊２）を採用し、地盤沈下を防止する地下工事が行われたことが評価され、平成９年の「神奈川県建築コンクール」の一般建築部門奨励賞を受賞した。

本店のフロア構成は次の通りだ。まず、地下にビアレストランの「亜利巴"巴"（アリババ）」、１階に崎陽軒の商品が買える売店と、ティーラウンジの「アボリータム」、２階に中国料理の「嘉宮（かきゅう）」とイタリア料理の「イルサッジオ」がある。山本さんのおすすめは「亜利巴"巴"」のランチバイキングで、「食べ放題の料理に、名物のシウマイも含まれるのがポイント」なのだそう。

４階と５階には大宴会場とチャペル。崎陽軒本店のウェディングでは、ケーキ入刀の代わりに直径30センチの「ジャンボシウマイ」を新郎新婦がカットする。その中から特製シウマイがたくさん飛び出すサプライズが有名で、結婚式は崎陽軒 本店でというファンも少なくない。そのスピンオフ商品が「おうちでジャンボシウマ

イ mini」。カットすると「昔ながらのシウマイ」が22個出てくるミニサイズの「ジャンボシウマイ」を家庭で楽しめる。

こうした遊び心溢れる新商品を次々と発売して楽しませてくれる崎陽軒だが、それもシウマイ弁当、昔ながらのシウマイ、月餅などの定番商品の安定感があってこそ。とはいえ、その定番にもまた、ちょっとひねった楽しみ方があるのだそうだ。

「予約販売のみですが、シウマイ弁当のご飯を、お赤飯に変えられます。ちょっとしたお祝いなどのサプライズとしておすすめです」

定番の安定感とサプライズ。崎陽軒が優れたローカルブランドであり続ける理由は、こんなところにあるのかもしれない。

写真：株式会社崎陽軒提供

「シウマイ弁当」は、時代を経ておかずが少しずつ変わってきている。期間限定で販売されていた「復刻版シウマイ」では、現在と異なるおかずの構成が楽しめる

＊１：「シウマイ娘」と書かれたたすきを掛け、シウマイを売り歩くキャンペーンガール
＊２：地下に巨大なパイルを造成する大型高速地盤改良

コロニアル様式を打ち出した瀟
洒な階段。取材ではこの階段が
撮影場所として使われることも
ある

1.不動の人気商品「シウマイ弁当」。発売から70年ほどの間に、何度もおかずのマイナーチェンジを重ねた。「これ以上改良できない完成度に達している」と評価するファンも少なくない　2.「昔ながらのシウマイ」の原材料は豚肉と干帆立貝柱、コンセプトは「冷めてもおいしい」。これが昭和3年から現在まで貫かれている　3.2階から1階のティーラウンジを見下ろす。1、2階は吹き抜けで開放感がある　4.3階のエレベータ前のホール。まるでシンガポールのホテルようなリゾート感が漂う。奥には個室宴会場が用意されている

INFORMATION

崎陽軒 本店
西区高島 2-13-12　☎045-441-8880
営業時間・定休日：施設により異なる

5

5.4階にあるゴージャスな宴会場「ダイナスティー」。着席で200名、立食で300名まで収容可能 6.1階から2階へあがる階段のディテールにもコロニアル建築様式の美しさがある　7.横浜の港にちなみ、灯台や船をイメージして設計されたという崎陽軒 本店。アールを描くガラスカーテンウォールにアルミの庇など、現代的でありながらも、どこかレトロなムードも漂う外観が目を引く。設計は、建築家の山下寿郎氏が1928年に設立した株式会社山下設計が担当。山下設計は霞が関ビルを設計したことでも知られる

7

6

店内には給食でもおなじみのあげパンや名物のシュトーレン、総菜パンなど毎日200種類ほどのパンが並んでいる

INTERVIEW　　　　（11）

....

ハマッ子の食を支えて100年

かもめパン

....

 食

「『こんなに美味しいパンをつくる人なんだ』って、パンから惚れたのです」

　そう語るのは、株式会社かもめパン営業部・品質管理部部長の藤江妙子さん。各地のパン屋を食べ歩くほどパンが好きで、かもめパンの4代目となる代表取締役社長の藤江嘉昭さんと出会い、結婚してかもめパンの業務を手伝うようになった。

　多くの横浜市民にとって、「かもめパン」とい

う言葉の響きに懐かしさを覚えずにはいられないだろう。戦後まもなく横浜市立の小学校へ提供する給食パンを製造開始し、現在も横浜市立小学校345校のうち約100校へ届けている。

「今でこそ学校給食は米飯食が中心となったため、供給するパンの数は減りましたが、それでも学校給食用だけで日々約15,000個を製造しています」

　まもなく100年企業となるかもめパンは、創業当初は米菓製造会社の「三河屋」という屋号

であった。パンの製造は昭和20年頃、戦中・戦後の食糧難に対処すべく、神奈川県からの指令で配給用のパンを製造するようになったのが始まりで、パンだけでも80年近くの歴史を誇る。

学校給食のパンとしてのイメージが強いが、学校だけでなく幼稚園や老人福祉施設などの給食用としても供給する他、横浜市内のホテルや結婚式場、レストランやスーパー、百貨店などにも多く卸しており、毎日200〜300種類ものパンを製造・販売している。

店舗には総菜パンやサンドウィッチもあれば、100％無添加パン、国産小麦100％シリーズ、天然酵母100％シリーズなど常時多くのパンが並び、その風景は圧巻だ。

「主人（嘉昭さん）はイギリスのロンドンサウスバンク大学という、世界にひとつしかないパン専攻コースのある大学で、ベーカリーテクノロジーについて深く学んできました。かもめパンでは商品開発と工場経営を担い、『みなさんに美味しいと言っていただけるパンづくり』をモットーに、お客様からの要望に合わせたパンを多く生み出してきました」

パンづくりとしては老舗の域になるが、それ

上／かもめパン店舗。街中の路面店である。店舗ロゴは成長著しい街路樹に隠れてしまっている
下／店舗外観。かもめパンのイメージカラーであるオレンジが基調

に胡坐をかかず常に新しいものを、という姿勢が、かもめパンが愛される理由のひとつだ。

店舗外観、内観はオレンジ色が基調となって

HISTORY ｜ 歴史

大正13年（1924）
横浜市中区長者町で米菓製造会社「三河屋」として創業

昭和12年（1937）
現在の横浜市南区永田町1188番地へ移転

昭和20年（1945）
「神奈川県食産工業株式会社」に社名変更

昭和20年以降（1945〜）
昭和20年に学校給食が開始。その後、配給用パン（戦中に製造開始）に加え、横浜市立小学校の給食用のパン製造開始

昭和39年（1964）
増産に伴い新工場落成

昭和40年（1965）
「株式会社かもめパン」に社名変更

令和6年（2024）
創業100年となる

工場はかもめパン店舗裏にある。
かもめパン店舗と隣の店舗の隙
間から、工場を示すロゴマーク
が見える

いて、ロゴの背景色もオレンジだ。

「創業当初からのイメージカラーとなっています。オレンジは一般的には食欲がわく色とも言われていて、いくつかの飲食チェーン店でも採用例がありますが、我々は小麦粉を扱う業態であり、オレンジは『虫が嫌う色』と言われているので採用しています」

店舗併設の「イートイン・シーガル」は、その名の通り元々はかもめパンの商品をイートインできるカフェスペースであったが、現在は給食パンというイメージに合わせて学校の机と椅子を配置。パンを提供している小学校の生徒によるメッセージ、近隣の少年野球チームやサッカーチームの募集ポスターやお知らせなどが壁一面に貼られ、町の情報が見えてくる掲示板のようなスペースとなっている。

上／かもめパンの番重。横浜市の小学生はこれを見るとワクワクしたとかしないとか　下／店内に掲示されている昭和35年頃のかもめパン社屋の写真

かもめパンが、いかに近隣の人々に愛されてきたかがよくわかる。

店舗裏の道路を挟んだ場所にあるかもめパンの工場は昭和39年に落成されて以来、壁面がクリーム色に塗り替えられた他は大きく改装されることなく建物としての味わい深さを滲ませる。

3階建ての工場では、1階が給食向けの製造ラインとなっていて、約15メートルの焼成窯が2本設置されている。2階はそれらを包装・梱包するエリアとなり、3階は市販向けのパン製造や洋菓子製造のエリアとなっている。コンタミネーションを防止するため、給食用と市販用は別フロアで製造している。

建築関連の資料は平成26年2月の火災によって焼失してしまい、ほとんど残っていないのが惜しまれるところではあるが、被災を免れた工場落成時の絵から工場壁面が創業時からのイメージカラーのオレンジ色だったことがはっきりと見て取れる。

しかしながら、住宅街の中でひと際異彩を放つ工場を見ることができるのは今のうちかもしれない。

「現在の工場の場所は横浜市による用途地域等の見直しによって『第1種住居地域』となり、今後この地では工場として建て替えることができなくなってしまいました。雇用も含めた周辺の人々との絆もあるので、可能な限りはこの場所で続けていきたいのですが、将来的には移転することとなります」

かもめパンは令和6年に創業100年となるが、「手をかけて美味しいものをつくる」という創業以来の理念を変えることはなく、次の100年を目指してパンをつくり続ける。

天然酵母
食パン
¥290
(¥313)

天然酵母
ライ麦食パン
¥300
(¥324)

胚芽食パン
¥300
(¥324)

イギリスパン
¥330
(¥356)

ブラウンブレッド

ホテル食パン
¥270
(¥291)

元祖!
ハマッ子の給食
あげパン

1.食パン系の種類もなかなかに多い。
パン専門店としての誇りが見えてくる
2.元祖！ ハマッ子の給食・あげパン
3.お客さんからの要望で通年、製造・
販売している名物のシュトーレン

シュトーレン(小)
¥2,030
(¥2,374)

4.かつて「イートイン・シーガル」と呼ばれていた場所は、学校の教室を模したスペースになっている　**5**.近隣の小学校などからもらった感謝のメッセージが所狭しと掲示されている　**6**.工場では毎日約15,000〜30,000個の給食パンを製造する　**7**.昭和39年、新工場落成時の絵。当時の外壁はイメージカラーのオレンジ色だった

INFORMATION　株式会社かもめパン
南区永田東2-10-19　☎045-713-9316
営業時間：平日・土7：00〜19：00、日・祝〜18：00　定休日：水

地元の食文化を照らす老舗米店

伊藤米店
_{いとうこめてん}

　シャッターをおろして久しい商店建築がちらほらと残る南区八幡町。「八幡通り商栄会」が活気に満ち満ちていたのは戦後復興期から昭和50年頃までだが、今でも豆腐店、クリーニング店、酒店、燃料販売店が昔ながらのスタイルで営業を続けている。開業明治34年の伊藤米店もその中のひとつである。

　昭和9年築の木造2階建て。黒光りする瓦屋根、重厚感のある土壁と、開放された間口が印象的だ。精米スペースを含む約28平米の店内。オリジナルブレンド米や地元産露地野菜、県産の卵など、厳選の食材が所狭しと並べられるが、背の高い精米機もすっぽりと入る4メートルほどの天井、扉が取り払われた間口の効果が相まって、常に爽やかな風が吹き抜けていくようだ。

　「夏は暑く、冬は寒いですよ」と、店内を優しく見つめながら笑う4代目の伊藤雄二さんと妻の直美さん。これまでいくつかの改修を重ねており、平成14年には耐震強化のため中央に柱を設置、壁を補強するなど、大掛かりに手を加えている。ただ、その時も間口にはあえてガラス戸をつけなかった。

　買い物袋で両手のふさがったお客さんが荷物をおろすことなく入店できるように……。商店街が賑わっていた時代のホスピタリティ精神が脈々と受け継がれている。

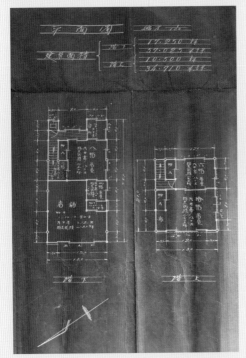

写真：伊藤米店提供

伊藤米店の天井からおりるぼんぼりの光が、薄暗い通りを柔らかく包む時分、家路を急ぐ者はそれを見て一日の終わりにひと息つく。米店とは、はるか昔から地域にとってそういう存在だったのだろう。建物への愛情を育み、商いの精神を受け継ぎながら、これからもこの町の食文化を煌々と照らし続けていく。

左／店舗兼住居の青図。先代による間口を広げる工事や、建て増しなどを経て現在に至る　右上／昭和9年当時の姿を残す天井板と梁　右下／かつてのたばこ販売スペースでは、週に3回おむすびを販売している

伊勢出身の初代が横浜で奉公し、独立。開業した明治34年は八幡町（当時「中村町」の一地域だった）がちょうど横浜市に編入された頃だ。それまで田園風景だった界隈にも開発の機運が高まっていた。初代はそこでしっかりと商機をつかんだ。

伊藤米店のたたずむ八幡町の一部は、横浜を焼きつくした昭和20年の大空襲を奇跡的に免れたエリアでもある。天井板や梁などは昭和9年の建築当時のままの姿を保つ。

伊藤米店の朝は早い。開店前の準備を済ませ、精米をして仕入れや配達へ出掛ける雄二さん、接客の合間に選別機が見逃した着色米をひと粒ずつ取り除く作業に打ち込む直美さん。「食は命」をポリシーに素材本来の味にこだわる。そんな営みを見守る深い艶をたたえた店内は、気概溢れる4代目夫婦同様くたびれたそぶりをまったく見せない。

INFORMATION
———

伊藤米店
南区八幡町36
☎045-261-4691
営業時間：9：00〜18：30
定休日：日・祝・第3月

野毛都橋商店街ビル（46頁）から見た町並み。JR関内駅と桜木町駅の間を流れる大岡川、都橋や桜川橋、線路を走る列車が見える

ARCHI TECTURE TOURS

....

華僑たちによって築き上げられた中華街や、
日本初の西洋式街路がつくられた日本大通り。

戦後、防火帯建築が密集した関内・桜木町。
遊郭により発展し、庶民的な古い町並みが広がる南区。

華やかな観光地とは異なる顔を持つヨコハマの地で
歴史を感じる"味なたてもの"をめぐってみよう。

中華街＆日本大通りエリア

Chukagai & Nihon-Odori Area

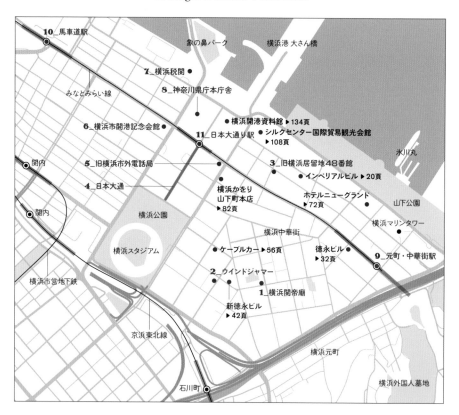

10_馬車道駅
象の鼻パーク　横浜港 大さん橋
7_横浜税関
みなとみらい線
8_神奈川県庁本庁舎
横浜開港資料館 ▶134頁
6_横浜市開港記念会館
11_日本大通り駅　シルクセンター国際貿易観光会館
▶108頁
氷川丸
関内
5_旧横浜市外電話局
3_旧横浜居留地48番館
4_日本大通
インペリアルビル ▶20頁
横浜かをり
山下町本店
▶82頁
ホテルニューグランド
▶72頁
山下公園
横浜公園
関内
横浜マリンタワー
横浜中華街
横浜スタジアム
ケーブルカー ▶56頁
徳永ビル
▶32頁
9_元町・中華街駅
横浜市営地下鉄
2_ウインドジャマー
1_横浜関帝廟
新徳永ビル
▶42頁
京浜東北線
横浜元町
石川町
横浜外国人墓地

元町は、海に面する地域の住民が横浜開港のため移転させられた場所にあたる。山手に居留する外国人を相手に商売する者が増え、欧米人やその使用人である中国人（華僑）で賑わう地となる。やがて横浜本村から横浜元町と改称し、明治22年に久良岐郡から横浜市に編入した。

一方、横浜に暮らす華僑は、自国の文化や技術を根づかせながら中華街を築き上げた。日清戦争や関東大震災の苦難を経て現在も多くの人を集める中華街は、海岸線から見て道が斜めになっている。これは風水が関わるという話もあるが、実際は土地の形状や高低差、既存の水路やあぜ道の影響と言われる。明治に入ると、中華街に暮らす華僑は1000人にも達する。

洋風文化が花開き、賑わいの増す横浜の中心部には、R.H.ブラントンの設計により日本初の西洋式街路が築かれた。明治3年頃に着工し、明治8年「日本大通」と命名。そのまま街区名ともなっている。

1 ：横浜関帝廟
（かんていびょう）

関帝（＊1）を祀る廟は、中華街の成り立ち当
初から設けられた。文久2年に関帝の木像を
祀る小さな祠（ほこら）が裏通りに建立され、その後、
華僑の寄付により拡大・改築が続けられた。
関東大震災、横浜大空襲、原因不明の火災で
倒壊・消失しながらその都度、華僑が力を合
わせて復興。現在の廟は平成元年に再建した
4代目になる。

＊1：三国志で劉備に仕え、忠義・武勇・不動心
の象徴として広く中国人に崇拝される関羽
を神格化した呼び名。関聖帝君とも呼ばれ
る。そろばんの発明者と言われることから
商売の神様とされる

2 ｜ ウインドジャマー

昭和47年開業の老舗ジャズラウ
ンジで、姉妹店にケーブルカー
（56頁）がある。店名の由来である
帆船をイメージしたキャビン風の
店内は、ノルウェー人の職人が実
物をあしらって天井まで木でつく
りあげたもの。一流ジャズメンや
志の高いバーテンダーが集い、日
本では手に入らないカクテルのシ
ロップを手づくりするなど素材か
ら作り方まで本物にこだわる名店
として愛されたが、令和6年1月
28日に51年にわたる歴史の幕を
閉じた。

3 ｜ 旧横浜居留地
48番館

モリソン商会の事務所兼代表者の
住宅として明治16年に竣工した、
現存する横浜最古の洋風建築物。
関東大震災で2階部分が破損し、
震災復興で1階も縮小された。そ
の後、ヘルム兄弟商社の所有を経
て昭和53年から神奈川県の所有に。
平成13年に神奈川県指定重要文化
財に指定され、保存工事が実施さ
れた。フランス積み（＊1）煉瓦造
りの貴重な遺構とされる。

＊1：レンガの長手（長辺）と小口（短辺）を交互に並べて積む方式。正式名称は発祥の地に由来する「フランドル積み」。長
　　手だけの段と小口だけの段を重ねていくイギリス積みと比べると、やや耐久性に劣るとされることからイギリス積み
　　が主流になっていった

4 ： 日本大通

慶應2年に居留地内の日本人町で発
生した火事を契機に、防火対策とし
てつくられた大通り。設計はR.H.ブ
ラントン。明治4年に設計され、明
治10年までに完成した。中央に12メー
トルの車道、左右に3メートルの
歩道と9メートルの植樹帯がある。
当時の街路樹は関東大震災でほとん
ど焼失してしまい、現在のイチョウ
は昭和2年から3年間かけて植えら
れたもの。

photolibrary

＊１：郵便・通信・運輸・電気などを幅広く管轄していた中央官庁。昭和24年に廃止された

＊２：４階は横浜都市発展記念館、２階はユーラシア各地の美術品や文献を収蔵する横浜ユーラシア文化館。収蔵品は東洋
　　学者の江上波夫氏が市に寄贈した膨大な資料がもとになっている（設備更新工事のため令和６年夏頃まで全館休館中）

＊３：洋風建築で軒の下や壁を水平に取り巻く帯状の突起物。主に装飾に使われる

5 ：旧横浜市外電話局

昭和4年、横浜中央電話局の局舎として建てられた。設計は横浜出身の逓信省（＊1）技師、中山広吉氏。平成15年より横浜市の文化施設（＊2）として活用されている。チョコレートブラウンの重厚なタイル張りに入口のアーチ、屋根下や1階上部などのコーニス（＊3）、大理石の時計など、大規模改修を経ても外壁部分にはオリジナルな意匠が残され見どころは多い。

MEMO

レトロな味わいのあるこの建物では、かつて多くの女性交換手が手作業で電話を繋いでいた。当時、電話交換手は女性にとって花形職業だったという。交換手は番号を伝えられると、コードを交換機に差し込んで電話回線を繋ぎ変える。交換機が置かれていた3階や営業室のあった1階は、他の階より天井が高くなっている。2階は局長室や技術官室、4階は職員の休息室や食堂が設けられた。

7 ┊ 横浜税関（クイーンの塔）

昭和9年に建てられた、エキゾチックな雰囲気のドームを持つ優美な塔。高さは約51m。大蔵省営繕管財局の技師で、国会議事堂も手掛けた吉武東里氏、旧首相官邸の設計者として知られる下元連氏らが設計を担当したと言われる。様々な建築様式が入り混じった装飾は、世界各国とかかわる税関の建物にふさわしい。

6 ┊ 横浜市開港記念会館
（ジャックの塔）

横浜開港50周年を記念し、市民の寄付によって建設された。コンペティションで選ばれた福田重義氏の案をもとに、山田七五郎氏など横浜市建築課の中心となる技師らが設計を担当し、大正6年に竣工、高さは約36m。鉄骨煉瓦造の時計塔は当時の煉瓦造りにおけるレベルの高さを見せつけるものであり、関東大震災でも崩れることがなかった。

MEMO

キング、クイーン、ジャックの愛称で呼ばれる建物を合わせて横浜三塔と呼ぶ。名づけ親は外国人船乗りなど諸説あり。いずれも横浜を代表する歴史的建造物として知られ、館内を見学できる日時が設けられている。赤レンガパーク、日本大通、大さん橋から、三塔を同時に見ることができる。

8 ：神奈川県庁本庁舎
（キングの塔）

どことなく無国籍なライト様式（＊1）を感じさせながら、堂々たる帝冠様式（＊2）の特徴を持つ。昭和3年、コンペティションにより小尾嘉郎氏の設計で竣工した。設計においては日本らしさを五重塔から得たという。室内には格天井や宝相華（＊3）など和のモチーフがあしらわれ、竣工当時とほぼ同じ姿で残る。

＊1：近代建築の巨匠フランク・ロイド・ライト氏が用いた直線的なラインと、幾何学的な装飾の建築様式。ライトが設計した旧帝国ホテルと同様に、ひっかいたような模様のスクラッチタイルが使用されている
＊2：昭和初期に盛んに用いられた和洋折衷の建築様式。鉄筋コンクリート造の洋風建築に、伝統的な和風の屋根が特徴
＊3：極楽浄土に咲く花と言われる架空の植物をモチーフにした唐草文様のひとつ。奈良・平安時代に流行した

9 ：元町・中華街駅

駅舎の設計は伊東豊雄氏。内部は横浜の
歴史を伝えるガイドブックをコンセプト
にデザインされている。白い陶板に歴史
を語る写真を焼きつけ、ホーム壁面や天
井などに展示。本の編集になぞらえて、
編集者やグラフィックデザイナーも内装
デザインに携わった。

＊1：アルミの押出し材を天井に用い、照明や空調の吹き出し口などをひとつのボックスに納めている
＊2：明治3年頃、英国人技師R.H.ブラントンの設計により工事が始まった街路で、幅約36メートルの広さは延焼防止の観
　　点から。駅名は「日本大通」に送り仮名の「り」をつけ、字感を和らげている

11 ： 日本大通り駅

日本初の西洋式街路（＊2）から名づけられた駅は、タイムスリップ的な歴史体験の提供をコンセプトにしている。デザインはアーチ、素材は煉瓦と石材を用いながら、移動速度の速い改札口周りなどはガラスや金属でシャープに仕上げ、空間ごとに性格づけをしている。

10 ： 馬車道駅

内藤廣氏設計による駅のテーマは、過去と未来の対比と融合。職人が手作業で積み上げた煉瓦を過去とし、手すりの強化ガラスや椅子のアクリル、新しいシステム天井（＊1）などは近未来を象徴。中央ドームの円蓋が、パーツごとに異なる印象をひとつにまとめている。

MEMO

みなとみらい線は、2024年2月1日に20周年を迎えた。鉄道要覧記載の正式路線名が「みなとみらい21線」であることは、あまり知られていない。

本項に掲載している写真はいずれも開業前に撮影したもの。駅舎をアーバンギャラリーと位置づけ、デザインに町の特性や歴史を取り入れている。

写真：160-161頁／横浜高速鉄道株式会社提供

関内＆桜木町エリア

Kannai & Sakuragicho Area

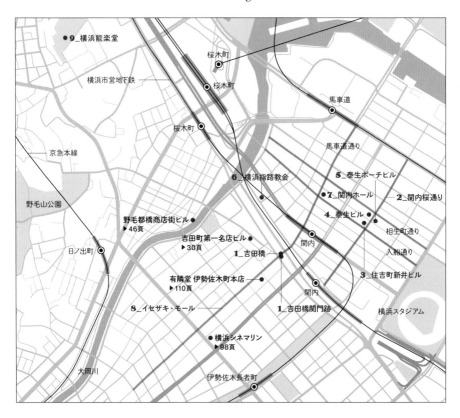

9_横浜能楽堂

桜木町

横浜市営地下鉄 — 桜木町

桜木町

馬車道

京急本線

馬車道通り

6_横浜指路教会

5_泰生ポーチビル

2_関内桜通り

7_関内ホール

野毛山公園

4_泰生ビル

相生町通り

野毛都橋商店街ビル ●
▶46頁

入船通り

吉田町第一名店ビル ●
▶30頁

関内

日ノ出町 ●

1_吉田橋

有隣堂 伊勢佐木町本店 ●
▶110頁

3_住吉町新井ビル

関内

8_イセザキ・モール

1_吉田橋関門跡

横浜スタジアム

● 横浜シネマリン
▶98頁

大岡川

伊勢佐木長者町

横浜開港にあたり、開港場の入口となる吉田橋には関門番所が設けられ、外国人居留地と本土が自由に行き来できないよう管理された。当時、関内と呼ばれた関門の港側は現在の馬車道側、関外と呼ばれた陸側は現在の伊勢佐木町側にあたる。

関外は関門から陸側とはいえ、江戸時代より遠浅の海が干拓された運河の多いエリアだった。開港以降は埋め立てが進められ、関内・関外とともに陸地面積が増えていく。関門が廃止されたのは明治4年。現在は関内・関外という行政上の地名はないが、駅名をはじめ建物には関内の呼び名が残る。

戦後は昭和27年まで、関内や桜木町エリアの多くの建物が米軍に接収されたため復興が遅れた。接収解除と防火建築帯（12頁）の指定の時期が重なったため、このエリアの特徴のひとつ、防火帯建築が密集することに繋がっている。

1 ：吉田橋・吉田橋関門跡

関内駅から伊勢佐木町に向かってすぐ、吉田橋の関門番所跡には石碑が残されている。架橋当初は木製だった吉田橋は、明治2年、R.H.ブラントンの設計（＊1）で日本初の鉄製トラス橋（＊2）となる。生まれ変わった橋長24メートル・幅員6メートルの橋は文明開化のシンボル「鉄の橋」として親しまれ、関東大震災や空襲にも耐えた。現在の橋は昭和53年に建設された5代目で、両サイドの欄干に鉄の橋のイメージが継承されている。

＊1：明治元年に来日した英国人技師。全国各地に灯台を築き、日本の灯台の父と呼ばれる。日本大通や横浜公園の設計、
　　　下水道の整備や電信の敷設など多くの業績を残し、横浜の近代化を支えた
＊2：鋼材を三角形に組み合わせて骨組みとする橋梁

2 関内桜通り

関内駅北口から海岸通りまで、海と反対方向へ進む車両一方通行の通り。名前通り両脇に植えられた桜は、陽光桜や寒緋桜など6種類ほど。一般的なソメイヨシノとは趣が異なる八重咲きで色の濃い樹が多く、開花期も1週間ほど遅い。通り沿いには住吉町新井ビル（165頁）や泰生ビル（166頁）など防火帯建築が並び、横浜の特徴的な町並みを歩くことができる。

photolibrary

3 : 住吉町新井ビル

関内桜通りと入船通りの角に、街を守るよう
に建つ防火帯建築。昭和36年竣工の鉄筋コン
クリート造で、設計は野毛都橋商店街ビル
(46頁)と同じ創和建築設計事務所。通りの角
に沿った構造で中庭のような空間を囲むよう
に建ち、連窓が水平方向を印象づけている。
老朽化の問題を抱えていたが、横浜市が推進
する芸術不動産事業(＊1)の一環として、部
屋ごとの賃貸人によるセルフリノベーション
が施され、個性豊かに再生している。

＊1：主に関内・関外地区の空き物件をアーティ
　　 ストやクリエイターの活動拠点として活用
　　 し、町の活性化を図る官民協働の先進的な
　　 プロジェクト

写真：加藤 甫

4 ：泰生ビル
（たいせい）

関内桜通りと相生町通りの角に建
（あいおいちょう）
つ、昭和42年竣工の防火帯建築。
3階より上の上層階は中庭のよう
な空間を持つコの字形をしており、
中庭を囲むように各部屋が廊下で
繋がっている。泰生ポーチビル
（167頁）とともに、横浜市が注力
する文化芸術創造都市（＊1）の取
り組みに参画している。

＊1：「クリエイティブ・シティ」とも呼ばれ、国内外で注目されつつある取り組み。文化芸術の持つ創造性を地域振興や
　　観光などに幅広く活用し、地域課題の解決に取り組む地方自治体を文化庁が認定。国内外のネットワーク構築など
　　様々な支援を行う

5 ：泰生ポーチビル

泰生ビルの向かいに位置する鉄筋コンクリート造、4階建ての小さなビル。昭和40年に竣工。平成26年にビルを所有した泰有社（＊2）は、桜通りに面するこのビルを泰生ビルの玄関先（ポーチ）であり、1階部分を街の前庭（ポーチ）と捉えてリノベーションを施した。かつて会員制のクラブだった1階は、その面影を残す天井やシャンデリアを再利用している。

写真：加藤 甫

＊2：昭和41年創業の不動産会社。横浜に数件のヴィンテージビルを所有し、賃貸だけでなく町づくりに関わる取り組みを行う。関内エリアではアーティストやクリエイターとの協働で、人と人・人と町の繋がりを築くコミュニティを生み出している

6 : 横浜指路教会
　　よこ は ま し ろ きょうかい

キリスト教が禁じられていた安政の時代、アメリカから
来日したヘボン博士（＊1）が中心となって明治7年に教
会を設立。博士が帰国した明治25年に建造された教会堂
は関東大震災によって倒壊したが、大正15年にバラ窓が
印象的な現在の建物に再建された。アメリカの教会に多
かったゴシック風の様式を取り入れながら、鉄骨鉄筋コ
ンクリート造の頑強な構造が用いられている。昭和63年
度、横浜市認定歴史的建造物の認定を受けた。

写真：鈴本 悠

＊1：医師・宣教師として来日した外国人。和英辞書の作成やヘボン式ローマ字の開発者としても知られる。明治7年、博
　　士を中心とした有志により横浜居住地に指路教会の前身の教会が築かれ、明治25年に現在地へ移動。赤レンガの教会
　　が建てられたが関東大震災で倒壊した

7 : 関内ホール (かんない)

かつて横浜宝塚劇場のあった場所に、芦原義信氏 (あしはらよしのぶ)（＊2）の設計で昭和61年に建てられた市民ホール。平成30年、息子である芦原太郎氏の改修設計による大規模修繕が行われた。改修にあたっては、機能を重視したモダニズム建築を生かし、耐震化、長寿命化、音響の良さなど市民ホールとしての役割を意識。ファサードには町の様子を映し出すミラーガラスを採用している。

photolibrary

＊2：日本を代表するモダニズム建築家のひとり。都市景観という考え方を早くから取り入れたことでも知られる。代表作は昭和41年竣工のソニービル（平成29年解体）、昭和39年竣工の駒沢オリンピック公園総合運動場体育館・管制塔など

8 ∶ イセザキ・モール

車道の両側に、アーケードつきの歩道がある伊勢佐木町商店街として誕生。大正初期には浅草に並ぶ活気を誇ったとも言われる。昭和53年に1丁目と2丁目がモール(遊歩道)化され、自動車を原則締め出してアーケードを撤去。車道と歩道の区別がなくなった。現在では3丁目から7丁目までも車道を細くする形状のモール化が成されている。旭川の買物公園と並び、モール化した商店街の先駆的な存在であり、デザイン都市横浜を象徴する事例のひとつとされる。

写真：上・中央／横浜能楽堂（公益財団法人横浜市芸術文化振興財団）提供、下／横浜市にぎわいスポーツ文化局 文化振興課提供

復元される本舞台（『復原修理工事報告書』より）

9 ：横浜能楽堂（のうがくどう）

横浜能楽堂の本舞台は、関東最古の能舞台として知られる。明治8年、旧加賀藩主邸の一角に建てられ、その後、移築や戦禍を乗り越えながら能楽愛好者たちに利用されてきた。一時、老朽化による解体で姿を消すも、平成8年に市民の働きかけにより舞台を復原し開館。華奢な骨組みが特徴だった本舞台も美しくよみがえった。鏡板（かがみいた）（＊1）には細い松に白梅が配され、根元に笹が描かれている。能楽堂の建物は、千駄ヶ谷の国立能楽堂の設計で知られる建築家の大江宏（おおえひろし）氏の流れを汲む大江宏建築事務所による設計。現在、大規模改修工事のため令和8年夏頃まで休館になっている。

＊1：舞台の後ろにある板。通常は豪壮な老松が描かれていることが多い。鏡板がつくようになったのは江戸時代以降で、それ以前は吹き抜け舞台だったと言われる

南区エリア

Minami Ward Area

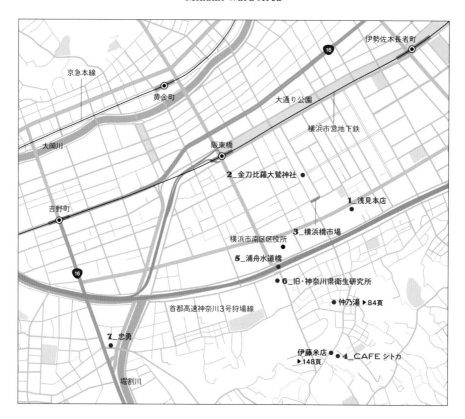

京急本線

伊勢佐木長者町

黄金町

大通り公園

横浜市営地下鉄

大岡川

阪東橋

2_金刀比羅大鷲神社 ●

1_浅見本店

吉野町

3_横浜橋市場

横浜市南区区役所

5_浦舟水道橋

6_旧・神奈川県衛生研究所 ●

● 仲乃湯 ▶84頁

首都高速神奈川3号狩場線

7_忠勇

伊藤米店
▶148頁

● 4_CAFE シトカ

堀割川

　横浜の主要な商店街のひとつ、横浜橋通商店街の周辺は、明治15年に横浜遊郭が移転してきたことにより発展する。戦後は伊勢佐木町が米軍により接収されたことで、日用品を求めて人の流れが生まれ、庶民的な町が形成されていった。

　横浜の港がもっとも活気づいていた戦後から1950年代にかけて、中村川にはたくさんの艀が係留し、界隈は港湾労働者たちで賑わった。血気盛んな男たちによって愛された気さくな酒場、酒販店が今も残る。

　中村川に架かる三吉橋を渡り八幡町の奥へと進むと、横浜大空襲を奇跡的に免れた古い町並みが広がる。秘密めいた小さな路地が冒険心を掻き立てることだろう。

　みなとみらいや元町、中華街、山手……、華やかな観光地として語られることの多い横浜だが、このエリアは気取らず、「素顔」の日常が営まれている。今も港町横浜の原風景を見せてくれる。

1 ：浅見本店

万世町の大通りには近年マンションが建ち並
ぶ。高層の建物の狭間で、入母屋造りが2段
になっている酒販店「浅見本店」はひと際目
を引く存在だ。昭和24年頃築。店内の一角で
立ち飲む「角打ち」には、今日も朝から地元
の呑兵衛が集う。

震災を経て大正13年の上棟式（金刀比羅大鷲神社所蔵）

2 金刀比羅大鷲神社

横浜遊郭とともに幾度かの移転を経て明治15年に真金町に遷座した。関東大震災、そして横浜大空襲で社殿は焼失。仮社殿を経たのち、平成元年、現在の鉄筋コンクリート入り母屋造りの社殿が建てられた。遊郭大門跡地から鳥居までの目抜き通りの中央に緑地帯が延びており、遊郭時代の趣きを残す。

Prostitute at Yokohama,　　横濱遊廓

上／明治30年頃と考え
られる遊郭の大門。突
き当りに金刀比羅大鷲
神社（横浜市中央図書館
所蔵）　下／鳥居の内側
から大門方面を望む

MEMO

安政6年、開港にあたり港崎町（現・横浜公園）
に開設された横浜遊郭にて金毘羅大権現として創
建。遊郭の幾度かの火災・移転にともない遷座。

明治初年、高島町に遷座された頃、江戸吉原の例
に倣い、お酉様を同社境内に末社として勧請、金
刀比羅大鷲神社とする。明治15年に真金町に移転。

3 ：<ruby>横浜橋市場<rt>よこはまばしいちば</rt></ruby>

横浜橋通商店街に付属する30メートルほどのマー
ケットは、戦後の闇市時代の雰囲気を残す。本場
の味が自慢のキムチ専門店、市内の名だたる飲食
店主御用達の精肉・内臓専門店などが入居する。
象徴であった手描きの看板（写真右下）は令和5年
に撤去されてしまった。

4 : CAFE シトカ

八幡町の細い路地裏にたたずむ、昭和29年建築の石蔵。かつては伊藤米店(148頁)が貯蔵用に使っていたが、現在はカフェが入居している。栃木県の大谷町付近で産出された軽石凝灰岩「大谷石」の壁は重厚で温かい印象を与える。

5 ： 浦舟水道橋
<small>うらふねすいどうばし</small>

中村川に架かる歩行者専用トラス
橋。明治26年に架設、設計は野口
嘉茂氏。ピン結合(＊1)のトラス
式道路橋としては日本最古のもの。
もとは下流の旧・西の橋として架
けられ、昭和2年に少し上流に移
され旧・翁橋となり、さらに平成
元年、高速道路の高架建設ととも
に現在の場所に移転した。

＊1：部材同士が一本のボルトで結合
　　されている方式

6 ： 旧・神奈川県衛生研究所（本館）

神奈川県庁本庁舎より1年早く、昭和2年に竣工した知られざる貴重な歴史的建築物。鉄筋コンクリート造、3階建て。かつて、ペストや細菌の検査や研究などを行っていた神奈川県衛生研究所の本館にあたる。衛生研究所はその後移転。現在、同じ敷地内にある神奈川県埋蔵文化財センターが管理している。老朽化のため立ち入り禁止。

写真：忠勇提供

7 ∶ 忠勇 (ちゅうゆう)

横浜市民酒場組合(70頁)の創設者、永島四郎氏が創業した、ふぐとうなぎが名物の老舗酒場。現在は2代目・3代目が切り盛りしている。店舗は築75年ほど。2階には大宴会場を備える昔ながらの料亭風建築。下の写真は約65年前、店舗前にて撮影されたもの。写真左上が永島氏。

横濱建築コレクション

Yokohama Architecture Collection

建物の外観・内観はもちろん、調度品や室内装飾品も横濱建築の見どころ。設計者の意匠や宿主の趣味趣向をうかがうことができ、竣工時から残されているものも多い。

STAIRS
階段

1.インペリアルビル **2.**吉田町第一名店ビル **3.**シルクセンター国際貿易観光会館 **4.**有隣堂 伊勢佐木町本店 **5 6.**徳永ビル **7.**野毛都橋商店街ビル **8.**横浜シネマリン **9.**新徳永ビル **10.**ホテルニューグランド

CHAIR

椅子

1.スターダスト **26**
7.ホテルニューグランド
3.ポールスター **45**.
仲乃湯

LIGHTING
照明

ORNAMENT
装飾品

5

1

6

2

3

4

7

LOGO
ロゴ

1.スターダスト　**2**.新徳永ビ
ル　**3**.仲乃湯　**4**.かもめパン
5 6.ケーブルカー　**7**.有隣堂
伊勢佐木町本店

DOOR

扉

123.インペリアルビル　4.野毛都橋商店街ビル
5.かもめパン　6.ホテルニューグランド　7.徳永ビ
ル　8.有隣堂 伊勢佐木町本店　910.新徳永ビル

本書掲載／物件・取材先一覧

参考文献

- 新建築 第28巻3号(新建築社、1953年3月)
- 新建築 第30巻1号(新建築社、1955年1月)
- 近代建築 第9巻1号(近代建築社、1955年1月)
- 建築文化 第10巻第1号(彰国社、1955年1月)
- Ahaus 2005年1月 No.1(アーハウス)
- 建築の前夜 前川國男論(松隈洋 著、みすず書房、2016)
- 有隣堂100年史 1909〜2009(有隣堂100年史編集委員会 編、有隣堂、2009)
- 横浜有隣堂 九男二女の物語(松信八十男 著、草思社、1999)
- 歴史を生かしたまちづくり横濱新聞 第8号(横浜市・横浜市歴史的資産調査会、1993)
- 歴史を生かしたまちづくり横濱新聞 第25号(一般社団法人横浜歴史資産調査会、2011)
- 東京・横濱 復興建築図集 1923-1930(建築學會 著・編、丸善、1931)
- よくわかる日本の城 日本城郭検定公式参考書(加藤理文 著、小和田哲男 監修、学研プラス、2017)
- 横浜市における一般公衆浴場数の変遷 関東大震災からバブル経済期まで(吉田律人 著)／
  横浜市史資料室紀要 第3号(横浜市ふるさと歴史財団近現代歴史資料課 編、2013)
- かながわ風土記 神奈川県文化史(7)ホテルと名の付くものの始まり
  (草間敏郎 文、丸井図書編集部 編、丸井図書出版)
- 横浜と共に一世紀 崎陽軒創業100周年記念誌(神奈川新聞社 編、崎陽軒、2008)
- 横浜防火帯建築を読み解く 現代に語りかける未完の都市建築
  (藤岡泰寛 編著、菅孝能／桂有生／中井邦夫／黒田和司／松井陽子／林一則／笠井三義 著、
  花伝社、2020)
- 神奈川大学入門テキストシリーズ 横浜建築
  (内田青蔵／中井邦夫／曽我部昌史／安田洋介／島崎和司／須崎文代／山家京子／上野正也 著、
  お茶の水書房、2021)
- 徳永グループ 創業100周年記念誌(徳永グループ、2022)
- BA/横浜防火帯建築研究 2 吉田町防火帯建築群(神奈川大学工学部建築学科中井研究室、2015)
- BA/横浜防火帯建築研究 13 徳永ビル(神奈川大学工学部建築学科中井研究室、2018)
- ハイカラ競馬をはじめて候 根岸競馬場開設150周年記念(馬事文化財団、2016)

BOOK STAFF

デザイン：松本 歩、榎本理沙（細山田デザイン事務所）

撮影：金子怜史

　　　星羊社
　　　　　諸星酒場、神奈川県立図書館「前川國男館」、
　　　　　伊藤米店、南区エリア

イラスト：柏原商店

地図制作：鈴木 学（bellybutton Design Studio）

校正：菊池恵未

取材・執筆：

稲 佐知子
　　INTRODUCTION、吉田町第一名店ビル、徳永ビル、新徳永ビル、
　　野毛都橋商店街ビル、ホテルニューグランド、横浜かをり 山下
　　町本店、横浜シネマリン、根岸競馬場跡、横浜開港資料館、中華
　　街&日本大通りエリア、関内&桜木町エリア

星羊社
　　諸星酒場、有隣堂 伊勢佐木町本店、神奈川県立図書館、伊藤米店、
　　南区エリア

田中健介
　　インペリアルビル、スターダスト/ポールスター、仲乃湯、朝日湯、
　　かもめパン

ワダヨシ（ferment books）
　　崎陽軒 本店

編集部
　　INTRODUCTION、ケーブルカー、横浜能楽堂

企画・編集：酒井美奈子（TWO VIRGINS）
編集：山田容子（TWO VIRGINS）

executive producer　Blue Jay Way

建築監修：中井邦夫

神奈川大学建築学部教授。NODESIGN共同主宰。博士（工学）、一級建築士。専門は建築設計・意匠。東京工業大学大学院博士課程修了。日本建築学会作品選奨（共同）、都市住宅学会賞（共同）、グッドデザイン賞（共同）など受賞。主な著書に『横浜防火帯建築を読み解く』（共著、花伝社）、『アジアのまち再生』（共著、鹿島出版会）など

横濱建築
記憶をつなぐ建物と暮らし

2024年3月31日　初版第1刷発行

発行者：住友千之
発行所：株式会社トゥーヴァージンズ
　　　　〒102-0073
　　　　東京都千代田区九段北4-1-3
　　　　電話：(03) 5212-7442
　　　　FAX：(03) 5212-7889
　　　　https://www.twovirgins.jp/

印刷所：株式会社 光邦

ISBN：978-4-86791-001-6